Khalil Gibran, Antoine de Saint-Exupéry, C. G. Jung
Gib dem Menschen die Ewigkeit wieder

Khalil Gibran, Antoine de Saint-Exupéry,
C. G. Jung

Gib dem Menschen die Ewigkeit wieder

Herausgegeben
von Christian Machalet

Benziger

Die Deutsche Bibliothek – CIP-Einheitsaufnahme

Gib dem Menschen die Ewigkeit wieder /
Khalil Gibran; Antoine de Saint-Exupéry; C.G. Jung.
Hrsg. von Christian Machalet. – Düsseldorf; Zürich: Benziger, 2001
ISBN 3-545-20220-8

© 2001 Patmos Verlag GmbH & Co. KG
Benziger Verlag, Düsseldorf und Zürich
Alle Rechte, einschließlich derjenigen des auszugsweisen
Abdrucks sowie der fotomechanischen und elektronischen
Wiedergabe, vorbehalten.
Umschlaggestaltung: GrafikDesign Reckels & Schneider-Reckels, Wiesbaden
Satz: Fotosatz Moers, Mönchengladbach
Druck: Clausen & Bosse, Leck
ISBN 3-545-20220-8
www.patmos.de

Inhalt

Vorwort

Gedanken über den Menschen und den Sinn des Lebens von drei verschiedenen Persönlichkeiten des 20. Jahrhunderts sind in diesem Band versammelt.

Da ist der Arzt und umfassend gebildete Enzyklopädist Carl Gustav Jung und daneben der im Zweiten Weltkrieg verschollene Pilot und Poet, dem wir nicht nur das Weltraummärchen vom Kleinen Prinzen verdanken, sondern auch eine Lebensphilosophie, nach welcher der schöpferische Mensch den Sinn seines Daseins gleichermaßen im Bemühen um seine Selbstverwirklichung als auch in Sorge um das Wohl der Menschheitsfamilie findet. Und schließlich der im Libanon geborene und später in Amerika aufgewachsene Künstler und Schriftsteller Khalil Gibran.

Auf ganz unterschiedliche Weise haben sich diese drei mit den Ideologien ihrer Epoche auseinandergesetzt. Ein tief religiöses Empfinden sowie die Überzeugung, daß der Mensch, der versucht, sich von dem Transzendenten zu lösen, seine Wurzeln verliert und innerlich verarmen muß, verband sie, wie auch ihr Bemühen um das Heil des Menschen, das sie in der Übereinstimmung von Seele und Existenz erkannten.

Antoine de Saint-Exupéry schreibt in Carnets, seinem hinterlassenen «Notizbuch»: «Gebt uns, sagen vor allem die Menschen, gebt uns die Ewigkeit wieder ... gebt uns zurück, was wir sind und was über uns hinaus von Dauer ist.» Und bei C.G. Jung lesen wir in seinen Erinnerungen: «Die entscheidende Frage für den Menschen ist: Bist du auf Unendliches bezogen oder nicht?»

Und Khalil Gibran möchte die Botschaften der Religionen vor den kirchlichen Zugriffen bewahren, die den Menschen in Ängstlichkeit halten, anstatt ihnen die Angst zu nehmen. Er will den politischen Ideologien Transzendenz verleihen und der Gefühlskälte des Materialismus die Wärme ideellen Strebens entgegensetzen. So schreibt er: «Ist nicht jede Tat und jede Betrachtung Religion? … Und wenn ihr Gott erkennen wollt, bildet euch deshalb nicht ein, die Rätsel lösen zu können. Schaut lieber um euch, und ihr werdet sehen, wie er mit euren Kindern spielt. Und schaut in den Raum und ihr werdet sehen, wie er in der Wolke geht und seine Arme im Blitz ausstreckt und im Regen herabsteigt. Ihr werdet sehen, wie er in den Blumen lächelt, aufsteigt und aus den Bäumen winkt.»

Wir haben es mit drei großen Denkern und in gewissem Sinne auch Mystikern und Pantheisten zu tun. Wer Saint-Exupérys «Die Stadt in der Wüste» liest, hört vom Duktus der Sprache und vom Inhalt der Rede Gibrans Propheten sprechen und sieht vor sich den Arzt, der in die Welt der Mythen hinabsteigt, um die Menschen auf ihre wahren Wurzeln zu verweisen.

Christian Machalet

Wer ist der Mensch?

Erziehen – wozu?

Ich ließ daher die Erzieher kommen und sagte ihnen:
– Ihr habt nicht den Auftrag, in den jungen Menschen den Menschen zu töten oder sie in Ameisen für das Leben im Ameisenhaufen zu verwandeln. Denn es kümmert mich wenig, ob der Mensch mehr oder minder glücklich ist. Es kommt mir darauf an, inwieweit er mehr oder weniger Mensch ist. Ich frage mich nicht in erster Linie, ob der Mensch glücklich sein wird oder nicht, sondern *welcher* Mensch glücklich sein wird. Und ich mache mir nichts aus dem Überfluß der Seßhaften, die wie das Vieh im Stalle gemästet sind.

Ihr sollt sie nicht mit leeren Formeln, sondern mit Bildern erfüllen, die ein Gefüge mit sich führen. Ihr sollt sie nicht in erster Linie mit totem Wissen vollstopfen, sondern ihnen einen Stil heranbilden, damit sie die Dinge erfassen können.

Ihr sollt ihre Eignung nicht allein nach der vermeintlichen Leichtigkeit beurteilen, die sie nach dieser oder jener Richtung besitzen. Denn der kommt am weitesten und hat den größten Erfolg, der sich am meisten mit sich selber abmüht. Darum sollt ihr euch vor allem um die Liebe kümmern.

Ihr sollt deshalb weniger beim Gebrauch der Dinge als vielmehr bei den Schöpfungen des Menschen verweilen, damit dieser treu und redlich sein Brett hobele – und so wird es ihm besser von der Hand gehen.

Ihr sollt die Ehrfurcht lehren, denn die Ironie ist dem Taugenichts eigen und läßt das Gesicht vergessen.

Ihr sollt gegen die Bande ankämpfen, die den Menschen mit den materiellen Gütern verknüpfen. Und ihr sollt in dem jungen Menschen den Menschen heranbilden, indem ihr ihm vor allem den Austausch lehrt, denn außerhalb des Austausches gibt es nur Verknöcherung.

Ihr sollt die Meditation lehren und das Gebet, denn durch sie wird die Seele weit. Und ebenso auch die ständige Betätigung der Liebe. Denn was vermöchte sie zu ersetzen? Und die Eigenliebe ist das Gegenteil der Liebe.

Ihr sollt vor allem die Lüge züchtigen und desgleichen die Zuträgerei, die gewiß dem Menschen und dem Anschein nach auch dem Gemeinwesen dienlich sein kann. Aber nur die Treue macht stark. Und es gibt nicht Treue nur auf einem Gebiete und nicht zugleich auf einem anderen. Einer, der treu ist, ist immer treu. Und der ist nicht treu, der seinen Arbeitskameraden verraten kann. Ich bedarf eines starken Gemeinwesens, und ich werde seine Stärke nicht auf die Fäulnis der Menschen gründen.

Ihr sollt die Freude an der Vollkommenheit lehren, denn jedes Werk ist ein Gang zu Gott und kann sich erst im Tode vollenden.

Ihr sollt nicht so sehr die Vergebung und die Nächstenliebe lehren. Denn sie könnten falsch verstanden werden und nur noch Achtung vor der Schmach oder dem Geschwür bedeuten. Ihr sollt aber die wunderbare Zusammenarbeit aller lehren, die sich an allen durch alle und durch jeden einzelnen vollzieht. Dann wird der Chirurg die Wüste durcheilen, nur um das Knie eines einfachen Arbeiters zu kurieren. Denn es geht dabei um *ein* Gefährt. Und sie haben alle beide den gleichen Lenker.

A. de Saint-Exupéry, Die Stadt in der Wüste

Lied des Menschen

Seit Anbeginn war ich,
und ich bin.
Ich werde sein
bis zum Ende der Zeiten,
denn ich bin ohne Ende.

Ich schwebte im Raum der Unendlichkeit
und in den Welten der Phantasie;
ich näherte mich dem Lichtkreis.
Doch nun bin ich ein Gefangener der Materie.

Ich lauschte den Lehren des Konfuzius
und der Weisheit des Brahma.
Ich setzte mich neben Buddha
unter den Baum der Erkenntnis.
Doch nun ringe ich mit Unwissen und Unglauben.

Ich war auf dem Sinai,
als der Herr dem Moses erschien;
am Jordanufer war ich Zeuge
der Wunder des Nazaräers,
und in Medina hörte ich die Worte
des Propheten der Araber.
Doch siehe, nun bin ich ein Opfer des Zweifels.

Ich erlebte Babylons Macht,
Ägyptens Ruhm
und die Größe Griechenlands.

Und nun erblicke ich weit und breit
die Schwäche und Niedrigkeit
aller menschlichen Taten.

Ich setzte mich zusammen
mit den Magiern von Endor,
mit den Priestern Assyriens
und den Propheten Palästinas,
und ich höre nicht auf,
die Wahrheit zu suchen.

Ich befolgte die Weisheit Indiens,
lernte die Poesie auswendig,
die aus den Herzen der Araber stammt,
und ich lauschte der Musik
der Völker des Westens.

Doch nun bin ich blind
und kann nicht mehr sehen,
bin taub und vermag nicht mehr
zu hören.

Ich ertrug die Grausamkeit
unersättlicher Eroberer,
litt unter der Ungerechtigkeit
und Willkür der Mächtigen
und ertrug die Knechtschaft
der Tyrannen.
Nun bin ich stark genug,
um mit den Tagen zu kämpfen.

All dies hörte und sah ich,
als ich noch Kind war.
Ich sehe und höre nun
die Werke der Jugend.
Dann werde ich alt
und vollkommen werden,
und ich werde zu Gott zurückkehren.

Seit Anbeginn war ich,
und ich bin.
Ich werde sein
bis zum Ende der Zeiten,
denn ich bin ohne Ende.

Khalil Gibran, Eine Träne und ein Lächeln

Ein sinnvolles Leben

Eines der glänzendsten Beispiele des Lebens und des Sinnes einer Persönlichkeit, das uns die Geschichte aufbewahrt hat, ist das Leben Christi. Dem römischen Cäsarenwahn, der nicht etwa nur dem Kaiser, sondern jedem Römer – «civis Romanus sum» – [Römischer Bürger bin ich] eignete, entstand ein Gegenspieler im Christentum, das, beiläufig erwähnt, die einzige Religion war, die von den Römern wirklich verfolgt wurde. Der Gegensatz zeigte sich, wo immer Cäsarenkult und Christentum aufeinanderprallten. Wie wir aber aus den Andeutungen der Evangelien über den seelischen Werdegang der Persönlichkeit Christi wissen, spielte dieser Gegensatz auch in der Seele des Stifters der christlichen Religion die ausschlaggebende Rolle. Die Versuchungsgeschichte zeigt uns deutlich, mit was für einer psychischen Macht Jesus zusammengestoßen ist: Es war der Machtteufel der zeitgenössischen Psychologie, der ihn in der Wüste in ernstliche Versuchung führte. Dieser Teufel war das Objektiv-Psychische, welches alle Völker des römischen Imperiums in seinem Bann hielt; darum auch versprach er Jesus alle Reiche der Erde, wie wenn er ihn zum Cäsaren hätte machen wollen.

Der innern Stimme, seiner Bestimmung und Berufung folgend, hat Jesus sich dem Anfall des imperialistischen Wahnes, der alle erfüllte – Sieger und Besiegte – freiwillig ausgesetzt. Damit erkannte er die Natur des Objektiv-Psychischen, das alle Welt in einen leidensvollen Zustand versetzte und eine Erlösungssehnsucht zeitigte, die auch bei heidnischen Dichtern ihren Ausdruck fand. Diesen seelischen Anfall, den er bewußt auf sich wirken ließ, unterdrückte er nicht und ließ sich auch von ihm nicht unterdrücken, sondern er assimilierte ihn. Und so wurde aus dem weltbeherrschenden Cäsaren ein geistiges Königtum und aus dem Imperium Romanum ein universales, unweltliches Gottesreich. Wo das gesamte jüdische Volk als Messias einen ebenso imperialistischen als politisch tatkräftigen Helden erwartete, hat Christus die messianische Bestimmung weniger für seine Nation als für die römische Welt erfüllt und die Menschheit auf die alte Wahrheit hingewiesen, daß wo Macht herrscht, keine Liebe ist, und wo Liebe herrscht, keine Macht gilt. Die Religion der Liebe war der genaue psychologische Gegenzug zur römischen Machtteufelei.

Das Beispiel des Christentums illustriert wohl am besten meine vorhergehenden, abstrakten Erörterungen. Dieses anscheinend einzigartige Leben ist deshalb zum geheiligten Symbol geworden, weil es der psychologische Prototyp des einzig sinnvollen Lebens ist, nämlich eines Lebens, welches nach der individuellen, das heißt absoluten und unbedingten Verwirklichung seines ihm eigentümlichen Gesetzes strebt. In diesem Sinne kann man mit TERTULLIAN ausrufen: «Anima naturaliter christiana» [Die Seele ist von Natur aus christlich]!

Die Deifikation [Vergöttlichung] Jesu sowohl wie Buddhas verwundert nicht, beweist aber schlagend die ungeheure Wertschätzung, welche die Menschheit diesen Helden und damit dem Ideal der Persönlichkeitswerdung entgegenbringt. *C. G. Jung, Ges. Werke 17, 204 f.*

Nichts kann ohne die Liebe geschehen

Meine Generäle haben niemals recht verstanden, wie es sich mit der Liebe verhält.

Denn sie sehen, wie den Verliebten das Morgenrot begeistert, da es ihm beim Erwachen seine Liebe zurückbringt.

Und sie sehen, wie den Krieger das Morgenrot begeistert, da es ihm beim Erwachen seinen Sieg zurückbringt – den Sieg, der bevorsteht, der sich schon in ihm reckt und ihn lachen macht. Und sie glauben, das Morgenrot sei mächtig und nicht die Liebe.

Ich aber sage, daß nichts ohne die Liebe geschehen kann. Denn der Würfel verdrießt dich, dem nicht ein wünschenswerter Sinn innewohnt. Und das Morgenrot verdrießt dich, wenn es dich bloß wieder in dein Elend zurückversetzt. Und der Tod für einen nutzlosen Brunnen verdrießt dich. Gewiß, je härter die Mühen sind, mit denen du dich um der Liebe willen aufreibst, um so mehr feuern sie dich an. Je mehr du gibst, um so mehr wächst du. Es muß aber einer da sein, der empfangen kann. Und es ist kein Geben, wenn man dabei nur verliert.

Als meine Generäle sahen, wie mit Freuden gegeben wurde, hatten sie daraus nicht den ganz einfachen Schluß gezogen, daß auch einer da war, der die Gabe empfing. Und sie begriffen nicht, daß man den Menschen nicht begeistern kann, wenn man ihn nur beraubt.

Ich überraschte aber einen Verwundeten, wie er sich seiner Bitterkeit überließ. Und er sagte mir:

– Herr, ich werde sterben. Ich habe mein Blut hingegeben. Und ich habe nichts im Austausch dafür empfangen. Den

Feind, den ich mit einer Kugel in den Bauch hinstreckte, bevor ihn ein anderer rächte, habe ich sterben sehen. Er schien sich in seinem Tode zu vollenden, denn er war völlig seinem Glauben hingegeben. Und sein Tod hat sich gelohnt. Ich aber habe einen Befehl ausgeführt, der von meinem Feldwebel ausging – nicht von einem anderen, durch den er einen höheren Sinn erhalten und sich gelohnt hätte. So sterbe ich würdig, aber mit Verdruß.

Was die anderen anging, – sie waren geflohen.

A. de Saint-Exupéry, Die Stadt in der Wüste

Nur im Kampf findet der Mensch zu sich selber

Die Erde schenkt uns mehr Selbsterkenntnis als alle Bücher, weil sie uns Widerstand leistet. Und nur im Kampf findet der Mensch zu sich selber. Aber er braucht dazu ein Werkzeug, einen Hobel, einen Pflug. Der Bauer ringt in zäher Arbeit der Erde immer wieder eines ihrer Geheimnisse ab, und die Wahrheiten, die er ausgräbt, sind allgültig. So stellt auch das Flugzeug, das Werkzeug des Luftverkehrs, den Menschen allen alten Welträtseln gegenüber und wird uns zum Werkzeug der Erkenntnis und der Selbsterkenntnis. *A. de Saint-Exupéry, Wind, Sand und Sterne*

Bist du auf Unendliches bezogen?

Die entscheidende Frage für den Menschen ist: Bist du auf Unendliches bezogen oder nicht? Das ist das Kriterium seines Lebens. Nur wenn ich weiß, daß das Grenzenlose das Wesentliche ist, verlege ich mein Interesse nicht auf Futilitäten und auf Dinge, die nicht von entscheidender Bedeutung sind. Wenn ich es nicht weiß, so insistiere ich darauf, um dieser oder jener Eigenschaft willen, die ich als persönlichen Besitz auffasse, etwas in der Welt zu gelten. Also vielleicht wegen «meiner» Begabung oder «meiner» Schönheit. Je mehr der Mensch auf falschem Besitz insistiert und je weniger das Wesentliche für ihn spürbar ist, desto unbefriedigender ist sein Leben. Er fühlt sich beschränkt, weil er beschränkte Absichten hat, und das schafft Neid und Eifersucht. Wenn man versteht und fühlt, daß man schon in diesem Leben an das Grenzenlose angeschlossen ist, ändern sich Wünsche und Einstellung. Letzten Endes gilt man nur wegen des Wesentlichen, und wenn man das nicht hat, ist das Leben vertan.

C. G. Jung, Erinnerungen 327 f.

Gestern und heute

Ein reicher Mann ging im Garten seines Palastes spazieren; die Sorge folgte ihm auf den Fersen, und über seinem Kopf flatterte die Unruhe wie Geier über einem Kadaver; so erreichte er einen von Marmorstatuen umgebenen See, der von Menschenhand angelegt worden war. Er setzte sich ans Ufer und betrachtete bald den Wasserstrahl, der aus den Mündern der Statuen hervorsprudelte, wie die Gedanken aus der Vorstellung eines Liebhabers – bald blickte er auf sein herrliches Schloß, das auf einem Hügel lag wie ein Muttermal auf der Wange eines Mädchens.

Während er dort saß, leistete ihm die Erinnerung Gesellschaft, und sie breitete vor seinen Augen die Seiten aus, welche die Vergangenheit in den Roman seines Lebens geschrieben hatte.

Seine Tränen verschleierten mehr und mehr den Blick auf das, was der Mensch hier geschaffen hatte, und der Kummer rief in seinem Herzen die Tage zurück, welche die Götter gewebt hatten. Und sein Schmerz floß in seine Worte, als er sagte:

«Gestern hütete ich meine Schafe auf den grünen Hügeln; ich freute mich meines Lebens und brachte mein Glück auf meiner Flöte zum Ausdruck. Heute bin ich ein Gefangener meiner Begierden. Das Geld führte mich zum Wohlstand, der Wohlstand zur Sorge, die Sorge zur Verzweiflung. Gestern war ich wie ein singender Vogel und wie ein schwebender Schmetterling. Keine Brise berührte die Köpfe der Gräser sanfter als meine Schritte das Feld. Nun bin ich ein Gefangener der Gepflogenheiten der Gesellschaft. Ich kleide mich und verhalte mich, um den Menschen und ihren Moden zu gefallen. Und ich wünschte geboren zu sein, um mich meines Lebens zu erfreuen. Doch der Reichtum zwingt mich, auf den Pfaden der Sorge zu gehen. Ich bin wie ein Kamel, das schwer beladen ist mit Gold und unter dieser Last zugrunde geht.

Wo sind die weiten Ebenen und die rauschenden Bäche? Wo sind die reine Luft und die Pracht der Natur? Wo ist meine Göttlichkeit? All dies habe ich verloren, und statt dessen bleibt mir nichts als das Gold, dem ich nachlaufe und das sich über mich lustig macht, viele Sklaven und wenig Freude und ein Palast, den ich erbaute, während er mein Glück zerstörte.

Gestern begleitete ich die Tochter der Beduinen, und die Unschuld war die Dritte im Bunde. Die Liebe war unsere Vertraute und der Mond unser Wächter. Heute umgeben mich Frauen mit hochaufgerichteten Hälsen, die mit den Augen zwinkern und ihre Schönheit für Halsketten, Ringe und Gürtel verkaufen.

Gestern war ich umgeben von jungen Gespielinnen; wie Gazellen hüpften wir zwischen den Bäumen. Wir erfreuten uns an der Natur und besangen sie. Heute bin ich ein Lamm inmitten von Wölfen.

Auf der Straße richten sich haßerfüllte Blicke auf mich, und neidische Finger zeigen auf mich. Nichts als finstere Gesichter sehe ich und hocherhobene Köpfe.

Gestern war ich reich in meinem Glück, heute bin ich arm trotz meines Reichtums. Gestern war ich bei meinen Schafen ein gütiger Herrscher inmitten seiner Untertanen; heute bin ich dem Geld gegenüber wie ein furchtsamer Sklave vor seinem willkürlichen Herrn.

Ich ahnte nicht, daß das Gold das Auge meiner Seele blenden würde, so daß sie zu einer Grotte der Unwissenheit wird. Und ich wußte nicht, daß das Leben, das die Menschen rühmen, in Wirklichkeit die Hölle ist.»

Der Reiche erhob sich von seinem Platz und schritt langsam auf seinen Palast zu, während er seufzend fortfuhr: «Ist das Geld der Gott, dessen Priester ich wurde? Ist es das Geld, was wir ein Leben lang suchen und dann nicht eintauschen können gegen ein Körnchen Leben? Wer kann mir für einen Zentner Gold einen schönen Gedanken verkaufen? Wer kann mir für eine Handvoll Schätze aus meinem Tresor einen Augenblick der Liebe geben? Wer vermag mir für all meinen Reichtum ein Auge zu leihen, das die Schönheit sieht?»

Als er sich dem Tor seines Palastes näherte, drehte er sich um und schaute auf die Stadt, wie Jeremias auf Jerusalem geblickt hatte. Er zeigte auf sie mit seiner Hand, und als ob er eine Totenklage anstimmen wollte, rief er mit lauter Stimme:

«O Volk, das im Dunkeln geht und im Schatten des Todes weilt, o Volk, das dem Unglück nachjagt, die Zeit mit Nichtstun verbringt und in Unwissenheit redet, bis wann wirst du Dornen und Disteln essen und die Früchte und Kräuter wegwerfen? Bis wann willst du auf unwegsamen Plätzen wohnen und den Gärten des Lebens den Rücken kehren? Warum trägst du zerschlissene und abgetragene Kleider, wo doch damaszenische Seidengewänder für dich bereitliegen?

O Volk, die Lampe der Weisheit ist verloschen. Fülle sie mit Öl auf! Der Wegelagerer droht den Weinberg des Glücks zu zerstören. Bewache ihn gut! Der Räuber hat es auf die Schätze deiner Ruhe abgesehen. Hab acht auf sie!»

In diesem Augenblick sah er einen armen Mann vor sich, der um ein Almosen bettelte. Der Reiche sah ihn an, seine zitternden Lippen wurden entschlossen, seine traurige Gestalt straffte sich, und seine Augen begannen zu strahlen. Das Gestern, das er am See beklagt hatte, kam heute zu ihm und grüßte ihn. Er näherte sich dem Bettler und umarmte ihn mit brüderlichem Kuß. Dann füllte er seine Hände mit Gold und sagte:

«Nimm dies für heute, mein Bruder! Und morgen komm mit Freunden zurück, und holt euch, was euch zusteht!»

Der Arme lächelte wie eine verwelkte Blume bei der Rückkehr des Regens. Dann ging er eilig weg. Der Reiche betrat seinen Palast, indem er sagte:

«Alle Dinge des Lebens sind gut – selbst das Geld –, denn sie erteilen dem Menschen eine Lehre. Das Geld ist wie ein Musikinstrument; derjenige, der es nicht zu spielen versteht, hört nichts als Mißklänge. Und wie bei der Liebe, so verhält es sich auch mit dem Reichtum: er tötet denjenigen, der ihn für sich behält, doch demjenigen, der ihn weitergibt, schenkt er Leben.»

Khalil Gibran, Eine Träne und ein Lächeln

Je mehr du gibst, um so mehr verbleibt dir

Denn die wahre Liebe verausgabt sich nicht. Je mehr du gibst, um so mehr verbleibt dir. Und wenn du dich anschickst, aus dem wahren Brunnen zu schöpfen, spendet er um so mehr, je mehr du schöpfst. Und der Duft des Wachses ist wahr für alle. Und wenn eine andere ihn gleichfalls atmet, wird es dir selber zugute kommen, daß sie dadurch reicher wurde.

Aber jener leibhaftige Gatte deines Hauses wird dich ausplündern, wenn er anderswo lächelt, und so wird er dich liebesmüde machen.

Und deshalb werde ich dich besuchen. Und ich brauche mich dir nicht zu erkennen zu geben. Ich bin der Knoten, der das Reich zusammenhält, und ich habe für dich ein Gebet ersonnen. Und ich bin der Schlußstein einer bestimmten Freude an den Dingen. Und ich verknüpfe dich. Und so bist du nicht mehr einsam.

Und wie solltest du mir nicht folgen? Ich bin ja nichts anderes mehr als du selbst. So ist es mit der Musik, die ein bestimmtes Gefüge in dir aufbaut. Durch sie wirst du entflammt. Und die Musik ist weder wahr noch falsch. Du selber begannst zu werden.

Ich will dich nicht verlassen sehen in deiner Vollkommenheit. Bitter und verlassen. Ich werde die Inbrunst in dir wecken, die nur gibt und niemals ausplündert, denn die Inbrunst verlangt weder Eigentum noch Gegenwart.

Doch das Gedicht ist aus Gründen schön, die nicht auf Logik beruhen, da sie einer anderen Ebene angehören. Und es ist um so ergreifender, je mehr es dich in der Weite heimisch werden läßt. Denn es gibt einen Ton, der sich aus dir gewinnen läßt und den du nicht wiedergeben kannst, aber nicht alle Töne haben den gleichen Wert. Es gibt schlechte Musik, die dir mittelmäßige Wege im Herzen öffnet. Und der Gott ist schwach, der dir so erscheint.

Aber es gibt Besuche, nach denen du schlafend zurückbleibst, weil du so sehr geliebt hast.

Und deshalb habe ich für dich, die du allein bist, dieses Gebet ersonnen. *A. de Saint-Exupéry, Die Stadt in der Wüste*

Von der Liebe

Da sagte Almitra: Sprich uns von der Liebe.

Und er hob den Kopf und sah auf die Menschen, und es kam eine Stille über sie. Und mit lauter Stimme sagte er:

Wenn die Liebe dir winkt, folge ihr,

Sind ihre Wege auch schwer und steil.

Und wenn ihre Flügel dich umhüllen, gib dich ihr hin,

Auch wenn das unterm Gefieder versteckte Schwert dich verwunden kann.

Und wenn sie zu dir spricht, glaube an sie,

Auch wenn ihre Stimme deine Träume zerschmettern kann, wie der Nordwind den Garten verwüstet.

Denn so, wie die Liebe dich krönt, kreuzigt sie dich.

So wie sie dich wachsen läßt, beschneidet sie dich.

So wie sie emporsteigt zu deinen Höhen und die zartesten Zweige liebkost, steigt sie hinab zu deinen Wurzeln und erschüttert sie in ihrer Erdgebundenheit.

Wie Korngarben sammelt sie dich um sich.

Sie drischt dich, um dich nackt zu machen.

Sie siebt dich, um dich von deiner Spreu zu befreien.

Sie mahlt dich, bis du weiß bist.

Sie knetet dich, bis du geschmeidig bist;

Und dann weiht sie dich ihrem heiligen Feuer, damit du heiliges Brot wirst für Gottes heiliges Mahl.

All dies wird die Liebe mit dir machen, damit du die Geheimnisse deines Herzens kennenlernst und in diesem Wissen ein Teil vom Herzen des Lebens wirst.

Aber wenn du in deiner Angst nur die Ruhe und die Lust der Liebe suchst,

Dann ist es besser für dich, deine Nacktheit zu bedecken und vom Dreschboden der Liebe zu gehen
In die Welt ohne Jahreszeiten, wo du lachen wirst, aber nicht dein ganzes Lachen, und weinen, aber nicht all deine Tränen.
Liebe gibt nichts als sich selbst und nimmt nichts als von sich selbst.
Liebe besitzt nicht, noch läßt sie sich besitzen;
Denn die Liebe genügt der Liebe.
Wenn du liebst, solltest du nicht sagen: «Gott ist in meinem Herzen», sondern: «Ich bin in Gottes Herzen.»
Und glaube nicht, du kannst den Lauf der Liebe lenken, denn die Liebe, wenn sie dich für würdig hält, lenkt deinen Lauf.
Liebe hat keinen anderen Wunsch, als sich zu erfüllen.
Aber wenn du liebst und Wünsche haben mußt, sollst du dir dies wünschen:
Zu schmelzen und wie ein plätschernder Bach zu sein, der seine Melodie der Nacht singt.
Den Schmerz allzu vieler Zärtlichkeit zu kennen.
Vom eigenen Verstehen der Liebe verwundet zu sein;
Und willig und freudig zu bluten.
Bei der Morgenröte mit beflügeltem Herzen zu erwachen und für einen weiteren Tag des Liebens dankzusagen;
Zur Mittagszeit zu ruhen und über die Verzückung der Liebe nachzusinnen;
Am Abend mit Dankbarkeit heimzukehren;
Und dann einzuschlafen mit einem Gebet für den Geliebten im Herzen und einem Lobgesang auf den Lippen.

Khalil Gibran, Der Prophet

Vom Geben

Dann sagte ein reicher Mann:
Sprich uns vom Geben.
Und er antwortete:
Ihr gebt nur wenig, wenn ihr von eurem Besitz gebt.
Erst wenn ihr von euch selber gebt, gebt ihr wahrhaft.
Denn was ist euer Besitz anderes als etwas, das ihr bewahrt und bewacht aus Angst, daß ihr es morgen brauchen könntet?
Und morgen, was wird das Morgen dem übervorsichtigen Hund bringen, der Knochen im spurlosen Sand vergräbt, wenn er den Pilgern zur heiligen Stadt folgt?
Und was ist die Angst vor der Not anderes als Not?
Ist nicht Angst vor Durst, wenn der Brunnen voll ist, der Durst, der unlöschbar ist?
Es gibt jene, die von dem Vielen, das sie haben, wenig geben – und sie geben nur der Anerkennung willen, und ihr verborgener Wunsch verdirbt ihre Gaben. Und es gibt jene, die wenig haben und alles geben. Das sind die, die an das Leben und die Fülle des Lebens glauben, und ihr Beutel ist nie leer.
Es gibt jene, die mit Freude geben, und die Freude ist ihr Lohn.
Und es gibt jene, die nur Schmerzen geben, und der Schmerz ist ihre Taufe.
Und es gibt jene, die geben und keinen Schmerz beim Gehen kennen: Weder suchen sie Freude dabei, noch geben sie um der Tugend willen; sie geben, wie im Tal dort drüben die Myrte ihren Duft verströmt.

Durch ihre Hände spricht Gott, und aus ihren Augen lächelt Er auf die Erde.

Es ist gut zu geben, wenn man gebeten wird, aber besser ist es, wenn man ungebeten gibt, aus Verständnis;

Und für den Freigebigen ist die Suche nach einem, der empfangen soll, eine größere Freude als das Geben.

Und gibt es etwas, das ihr zurückhalten werdet?

Alles, was ihr habt, wird eines Tages gegeben werden;

Daher gebt jetzt, daß die Zeit des Gebens eure ist und nicht die eurer Erben.

Ihr sagt oft: «Ich würde geben, aber nur dem, der es verdient.»

Die Bäume in eurem Obstgarten reden nicht so, und auch nicht die Herden auf euren Weiden.

Sie geben, damit sie leben dürfen, denn zurückhalten heißt zugrunde gehen.

Sicher ist der, der würdig ist, seine Tage und Nächte zu erhalten, auch alles anderen von euch würdig.

Und der, der verdient hat, vom Meer des Lebens zu trinken, verdient auch, seinen Becher aus eurem Bach zu füllen.

Und welches Verdienst wäre größer als der Mut und das Vertrauen, ja auch die Nächstenliebe, die im Empfangen liegt?

Und wer seid ihr, daß die Menschen sich die Brust zerreißen und ihren Stolz entschleiern sollten, damit ihr ihren Wert nackt und ihren Stolz entblößt seht?

Seht erst zu, daß ihr selber verdient, ein Gebender und ein Werkzeug des Gebens zu sein.

Denn in Wahrheit ist es das Leben, das dem Leben gibt –

während ihr, die ihr euch als Gebende fühlt, nichts anderes seid als Zeugen.

Und ihr, die ihr empfangt – und ihr seid alle Empfangende –, bürdet euch nicht die Last der Dankbarkeit auf, damit ihr nicht euch und dem Gebenden ein Joch auferlegt.

Steigt lieber zusammen mit dem Gebenden auf seinen Gaben empor wie auf Flügeln;

Denn seid ihr euch eurer Schuld zu sehr bewußt, heißt das, die Freigebigkeit desjenigen zu bezweifeln, der die großherzige Erde zur Mutter und Gott zum Vater hat.

Khalil Gibran, Der Prophet

Gib dem Menschen die Ewigkeit wieder

Gebt uns, sagen vor allem die Menschen, gebt uns die *Ewigkeit* wieder. Wir sind derart erstarrt durch diese Entdeckung des Willkürlichen … des Tanzes, der nichts als ein Spiel ist … Gebt uns unsere Ehrfurcht zurück, sei es auch nur die Ehrfurcht vor den Familienfesten, den Jahrestagen, den Vaterländern, dem Ölbaum, den ich gepflanzt habe und den mein Sohn pflegen wird; gebt uns zurück, was wir sind und was über uns hinaus von Dauer ist. Vergönnt uns, einen vergänglichen Leib in Edelsteine zu wandeln …

Nichts von alledem, was ich an dir liebte, hat einen materiellen Sinn. Deine Lippen, gewiß, doch bildeten sie jenes Lächeln, das der Welt der Formen angehörte. Nicht die

Masse deines Fleisches, sondern seine Anordnung. Nichts, was sich durch das Physische oder chemisch erklären ließe, sondern durch die reine Mathematik (Rhythmus) und die stofflose Geometrie (Form). Nichts, was nicht einen geistigen Sinn hätte. *A. de Saint-Exupéry, Carnets*

Menschlich – allzumenschlich

Opfer oder Täter

Indem man allgemein der Meinung huldigt, der Mensch sei das, was sein Bewußtsein von sich selber weiß, hält man sich für harmlos und fügt so der Bosheit noch die entsprechende Dummheit hinzu. Man kann zwar nicht leugnen, daß furchtbare Dinge geschehen sind und noch geschehen, aber es sind jeweils die anderen, die solches tun. Und insofern solche Taten der näheren oder ferneren Vergangenheit angehören, so versinken sie rasch und wohltätig im Meere der Vergessenheit, und jene Traumverlorenheit, die man als «Normalzustand» bezeichnet, kehrt wieder. Dazu steht nun in erschreckendem Gegensatz die Tatsache, daß nichts endgültig verschwunden und nichts wiederhergestellt ist. Das Böse, die Schuld, die tiefe Gewissensangst und die finstere Ahnung stehen da vor den Augen, die sie sehen wollen. Menschen haben es getan: Ich bin ein Mensch, der teil hat an der menschlichen Natur, und also bin ich es, der mitschuldig ist und in seinem Wesen unverändert und unverlierbar die Fähigkeit und die Neigung besitzt, ähnliches jederzeit wieder zu tun. Wenn wir auch, juristisch gesehen, nicht dabei waren, um mitzutun, so sind wir doch, kraft unseres Menschseins, potentielle Verbrecher. Es hat uns in Wirklichkeit nur an der passenden Gelegenheit gefehlt, mit in den infernalischen Wirbel hinabgerissen zu werden. Keiner steht außerhalb des schwarzen Kollektivschattens der Menschheit. Ob nun die Untat um viele Generationen zurückliegt oder sich heute ereignet, sie bleibt das Symptom einer immer und überall vorhandenen Disposition, und man tut deshalb wohl daran, eine «Imagination im Bösen» zu besitzen, denn nur der Dumme kann die Voraussetzungen seiner eigenen Natur auf die Dauer außer acht lassen. Diese Fahrlässigkeit bildet sogar das beste Mittel, um ihn zu einem Instrument des Bösen werden zu lassen. Wie es dem Cholerakranken und seiner Umgebung nicht das geringste nützt, der Kontagiosität (Ansteckungsfähigkeit) der Krankheit unbewußt zu sein, so hilft uns auch die Harmlosigkeit und Naivität nichts. Im Gegenteil sogar verführen sie zur Projektion des nicht eingesehenen Bösen in die «anderen». Damit stärkt man die gegnerische Position aufs wirksamste, denn mit der Projektion des Bösen wandert auch die Angst, die wir vor dem eigenen Bösen zwar unwillig und heimlich empfinden, zum Gegner über und erhöht das Gewicht seiner Drohung um ein Vielfaches. Überdies nimmt der Verlust der eigenen Einsicht uns die Fähigkeit, *mit dem Bösen umzugehen.* Hier stoßen wir sogar auf ein prinzipielles Präjudiz der christlichen Tradition, welches unserer Politik nicht geringe Schwierigkeiten bereitet. Man soll nämlich das Böse meiden und es womöglich weder berühren noch erwähnen. Denn es ist auch das «Ungünstige», das Tabuierte und Gefürchtete. Die apotropäische Haltung zum und die (wenn auch nur scheinbare) Umgehung des Bösen kommen einer schon dem primitiven Menschen eigentümlichen Neigung entgegen, das Böse zu meiden, nicht wahrhaben zu wollen und wenn möglich über irgendeine Grenze abzuschieben, wie den alttestamentlichen Sündenbock, der das Böse der Wüste übergeben soll. Wenn man sich der Einsicht, daß das Böse, ohne daß der Mensch es je gewählt hätte, in der menschlichen Natur selber sitzt, nicht mehr entziehen kann, so betritt es die psychologische Bühne als ein ebenbürtiger Gegenspieler des Guten. Diese Einsicht führt unmittelbar zu einem psychologischen Dualismus, welcher unbewußterweise bereits in der politischen Spaltung der Welt und in der noch unbewußteren Dissoziation des modernen Menschen selber präfiguriert und vorausgenommen ist. Der Dualismus entsteht nicht erst durch die Einsicht, sondern wir finden uns bereits in einem gespaltenen Zustand vor. Es wäre unerträglich zu denken, daß wir eine derartige Schuldhaftigkeit persönlich verantworten müßten. Deshalb zieht man es vor, bei einzelnen Verbrechern oder Gruppen von solchen das Übel zu lokalisieren, sich selber aber die Hände in Unschuld zu waschen und die allgemeine Potentialität zum Bösen zu ignorieren. Auf die Dauer wird sich aber die Verharmlosung nicht aufrechterhalten lassen, denn die Quelle des Übels liegt, wie die Erfahrung zeigt, im Menschen, wenn man nicht, in Übereinstimmung mit der christlichen Weltanschauung, ein metaphysisches Prinzip des Bösen postulieren will. Letztere Auffassung hat den großen Vorteil, eine allzu schwere Verantwortlichkeit vom menschlichen Gewissen abzuwälzen und sie dem Teufel zuzuschieben, in psychologisch richtiger Würdigung der Tatsache, daß der Mensch viel eher das

Opfer seiner psychischen Konstitution als der willkürliche Erfinder derselben ist. Wenn man in Betracht zieht, daß das Übel, welches unsere Zeit hervorgebracht hat, alles, was die Menschheit je gequält hat, in den Schatten stellt, so muß man sich in der Tat die Frage vorlegen, woher es komme, daß bei allen wohltätigen Fortschritten in Rechtsprechung, Medizin und Technik, bei aller Besorgtheit um Leben und Gesundheit ungeheuerliche Zerstörungsmittel erfunden wurden, welche leicht zum Untergang der Menschheit führen könnten. *C. G. Jung, Ges. Werke 10, 327 ff.*

Der Sinn des Sündenbocks

Der Patient verlor seine Neurose, als es mit ihm im Leben bergab ging. Er war kein Mensch, der auf eine Höhe von 2000 Meter gehört; er gehörte weiter hinunter. Er wurde geringer, statt neurotisch zu sein. Ich sprach einmal mit dem Leiter einer großen amerikanischen Institution zur Erziehung krimineller Kinder, und da erfuhr ich etwas sehr Interessantes. Sie haben dort zwei Kategorien von Kindern. Die Mehrheit von ihnen fühlen sich beim Eintritt in die Anstalt viel besser; diese Kinder entwickeln sich recht gut und normal und wachsen mit der Zeit über ihre ursprünglichen schlechten Seiten hinaus. Die Kinder der anderen Kategorie, die Minorität, werden hysterisch, wenn sie versuchen, nett und normal zu sein. Das sind die geborenen Verbrecher, die man nicht ändern kann. Sie sind normal, wenn sie Böses tun. Wir fühlen uns ja auch nicht ganz behaglich, wenn wir uns tadellos benehmen, wir fühlen uns viel besser, wenn wir ein wenig unrecht tun. Das kommt daher, daß wir nicht vollkommen sind. Wenn die Hindus einen Tempel bauen, lassen sie eine Ecke unvollendet; nur die Götter können etwas vollkommen gut machen, der Mensch kann es niemals. Es ist viel besser, zu wissen, daß man nicht vollkommen ist, denn dann fühlt man sich viel wohler. So ist es auch mit diesen Kindern, und so ist es mit unserem Patienten. Es ist falsch, Menschen aus ihrem Schicksal herauszubetrügen und ihnen helfen zu wollen, über ihr Niveau hinauszugehen. Wenn jemand die Möglichkeit in sich hat, sich anpassen zu können, muß man ihm mit allen Mitteln helfen; wenn es aber wirklich seine Aufgabe ist, sich *nicht* anzupassen, dann muß man ihm mit allen Mitteln helfen, es nicht zu tun, denn dann ist es richtig für ihn.

Was würde aus der Welt, wenn alle Menschen angepaßt wären? Sie wäre unerträglich langweilig. Es muß Leute geben, die sich falsch benehmen; sie dienen den Normalen als Sündenböcke und als Gegenstand des Interesses. Denken Sie nur, wie dankbar wir für Kriminalromane und Zeitungen sind, weil wir uns sagen können: «Gott sei Dank bin ich nicht wie der Kerl, der das Verbrechen begangen hat, ich bin ein vollkommen unschuldiges Geschöpf.» Man fühlt sich befriedigt, weil die bösen Leute es für einen getan haben. Hierin liegt der tiefere Sinn der Tatsache, daß Christus als Erlöser zwischen zwei Räubern gekreuzigt wurde. Diese Räuber waren in ihrer Art ebenfalls Erlöser der Menschheit, sie waren die Sündenböcke.

C. G. Jung, Ges. Werke 18/I, 113 f.

Das Überspringen des eigenen Schattens

Es unterliegt keinem Zweifel, daß auch in der demokratischen Welt die Distanz von Mensch zu Mensch viel größer ist, als es der öffentlichen Wohlfahrt dienlich ist oder gar dem seelischen Bedürfnis förderlich wäre. Es sind zwar vielerlei Bemühungen im Gange, allzu offensichtliche und hinderliche Gegensätze durch die idealistische Anstrengung einzelner zu überbrücken, indem an Idealismus, Enthusiasmus und ethisches Gewissen appelliert wird. Dabei vergißt man aber charakteristischerweise die unerläßliche Selbstkritik, nämlich die Beantwortung der Frage: Wer stellt die idealistische Forderung? Ist es nicht etwa einer, der seinen eigenen Schatten überspringt, um sich mit Begier auf ein idealistisches Programm zu stürzen, welches ihm ein willkommenes Alibi dem eigenen Schatten gegenüber verspricht? Wie viel Respektabilität und scheinbare Moralität gibt es, welche mit täuschendem Mantel eine sehr anders geartete innere Dunkelwelt verhüllen? Man möchte in dieser Hinsicht zuerst versichert sein, daß der, welcher von Idealismen spricht, selber ideal ist, damit seine Worte und Taten mehr seien als scheinen. Ideal sein ist aber unmöglich und bleibt darum in der Regel ein unerfülltes Postulat. Weil man hierfür im allgemeinen eine feine Witterung hat, klingen die meisten gepredigten oder vordemonstrierten Idealismen etwas hohl und werden erst akzeptabel, wenn auch ihr Gegenteil zugegeben ist. Ohne dieses Gegengewicht überschreitet der Idealismus die Reichweite des Menschen, wird infolge seiner Humorlosigkeit unglaubhaft und entartet zum Bluff, wenn auch wohlgemeinterweise. Verblüffung eines anderen bedeutet illegitime Überwältigung und Unterdrückung, die nie zum Guten führen.

Einsicht in den Schatten führt zu jener Bescheidenheit, die zur Anerkennung der Unvollkommenheit notwendig ist. Es bedarf aber gerade dieser bewußten Anerkennung und Berücksichtigung, wo immer menschliche Beziehung hergestellt werden soll. Diese beruht nicht auf der Differenzierung und Vollkommenheit, welche nämlich den Unterschied hervorheben oder den Gegensatz herausfordern, sondern vielmehr auf dem Unvollkommenen, Schwachen, dem Hilfe- und Unterstützungsbedürftigen, das Grund und Motiv der Abhängigkeit bildet. Das Vollkommene bedarf des anderen nicht, wohl aber das Schwache, das Anlehnung sucht und darum dem Partner nichts entgegenstellt, was ihn in eine untergeordnete Position drängt oder gar durch eine moralische Superiorität demütigt. Ein solcher Fall tritt aber nur zu leicht dort ein, wo hohe Ideale eine zu deutliche Rolle spielen.

Überlegungen dieser Art darf man nicht etwa als überflüssige Sentimentalitäten auffassen. Die Frage der menschlichen Beziehungen und des inneren Zusammenhaltes unserer Gesellschaft ist dringlich in Anbetracht der Atomisierung des bloß zusammengepferchten Massenmenschen, dessen persönliche Beziehungen durch das allverbreitete Mißtrauen unterhöhlt sind. Wo Rechtsunsicherheit, Polizeibespitzelung und Terror am Werke sind, fallen die Menschen der Vereinzelung anheim, was aber Zweck und Absicht des Diktaturstaates ist, denn er gründet sich auf die größtmögliche Anhäufung ohnmächtiger sozialer Einheiten. Dieser Gefahr gegenüber bedarf die freie Gesellschaft eines Bindemittels affektiver Natur, das heißt eines Prinzips, wie es etwa das der Caritas, der christlichen Nächstenliebe, darstellt. Aber gerade die Liebe zum Mitmenschen leidet am allermeisten infolge des durch Projektionen bewirkten Verständnismangels. Es liegt daher im höchsten Interesse der freien Gesellschaft, wenn sie sich aus psychologischer Einsicht um die Frage der menschlichen Beziehung kümmert, weil auf dieser ihr eigentlicher Zusammenhang und somit auch ihre Stärke beruht. Wo die Liebe aufhört, beginnen die Macht, die Vergewaltigung und der Terror.

Mit diesen Überlegungen soll nicht etwa an den Idealismus appelliert, sondern bloß ein Bewußtsein der psychologischen Situation vermittelt werden. Ich weiß nicht, was schwächer ist, der Idealismus oder die Einsicht des Publikums; ich weiß nur, daß es vor allem Zeit braucht, um seelische Veränderungen, von denen man einigen Bestand erhofft, herbeizuführen. Langsam dämmernde Einsicht scheint mir darum von dauerhafterer Wirkung zu sein als ein augenblicklich aufflackernder Idealismus, der nicht lange vorzuhalten verspricht. *C. G. Jung, Ges. Werke 10, 331f.*

Das Verwerfliche gehört zu mir

Geheimnis und Zurückhaltung sind Schädigungen, auf welche die Natur zuletzt mit Krankheit reagiert – wohlverstanden nur an Schädigungen, wenn Geheimnis und

Zurückhaltung ausschließlich persönlich sind. Werden sie aber in Gemeinschaft mit anderen ausgeübt, so gibt sich die Natur zufrieden, ja sie können dann sogar nützliche Tugenden sein. Unzuträglich ist nur die persönliche Vorenthaltung. Es ist, wie wenn die Menschheit ein unauslöschliches Anrecht auf das Dunkle, Unvollkommene, Dumme und Schuldhafte des Mitmenschen hätte, denn solcherart sind ja die Dinge, die zum Selbstschutz geheimgehalten werden. Es scheint eine natürliche Sünde zu sein, seinen Minderwert zu verbergen, ebensosehr wie seine Minderwertigkeit ausschließlich zu leben. Es scheint eine Art von Menschheitsgewissen zu geben, das jeden empfindlich bestraft, der nicht irgendwo und irgendwann den Tugendstolz seiner Selbstbehaltung und Selbstbehauptung aufgibt und das Bekenntnis seiner fehlbaren Menschlichkeit ablegt. Ohne dieses trennt ihn eine undurchdringliche Mauer vom lebendigen Gefühl, Mensch unter Menschen zu sein.

Daraus erklärt sich die ungemeine Bedeutung der wahrhaften und nicht verklausulierten Beichte, eine Wahrheit, die wohl allen Initiationen und Mysterienkulten des Altertums bekannt war, wie der antike Mysterienspruch beweist: «Laß los von dir, was du hast, dann wirst du empfangen.»

Diesen Spruch nun können wir leicht als Motto der ersten Stufe der psychotherapeutischen Problematik beigeben. Die Anfänge der Psychoanalyse nämlich sind im Grunde nichts anderes als die wissenschaftliche Wiederentdeckung einer alten Wahrheit; selbst der Name, der der ersten Methode gegeben wurde, nämlich *Katharsis* = Reinigung, ist ein geläufiger Begriff der antiken Einweihungen. Die ursprüngliche kathartische Methode besteht im wesentlichen darin, daß der Kranke möglichst in den Hintergrund seines Bewußtseins versetzt wird, mit und ohne hypnotische Paraphernalia, also in einen Zustand, der in den östlichen Yogasystemen als Meditations- oder Kontemplationszustand gilt. Zum Unterschied mit dem Yoga aber ist der Gegenstand der Betrachtung das sporadische Auftauchen dämmerhafter Vorstellungsspuren, seien es Bilder, seien es Gefühle, die sich im dunkeln Hintergrund von der Unsichtbarkeit des Unbewußten loslösen, um dem einwärtsgekehrten Blick wenigstens schattenhaft zu erscheinen. Auf diese Weise kommt Verdrängtes und Verlorenes wieder zurück. Schon das ist ein Gewinn – wenn auch gelegentlich ein peinlicher –, denn das Minderwertige und selbst das Verwerfliche gehört zu mir und gibt mir Wesenheit und Körper, es ist mein *Schatten.* Wie kann ich wesenhaft sein, ohne einen Schatten zu werfen? Auch das Dunkle gehört zu meiner Ganzheit, und indem ich mir meines Schattens bewußt werde, erlange ich auch die Erinnerung wieder, daß ich ein Mensch bin wie alle anderen. Auf alle Fälle ist mit dieser zunächst schweigenden Wiederentdeckung der eigenen Ganzheit der frühere Zustand, aus welchem die Neurose, das heißt der abgespaltene Komplex hervorging, wiederhergestellt. Durch Verschweigen kann die Isolierung verlängert werden mit einer nur teilweisen Besserung der Schäden. Durch das Bekenntnis aber werfe ich mich der Menschheit wieder in die Arme, befreit von der Last des moralischen Exils. Die kathartische Methode bezweckt das *völlige Bekenntnis,* und zwar nicht nur die intellektuelle

Feststellung eines Tatbestandes durch den Kopf, sondern auch die Auslösung der zurückgehaltenen Affekte, die Feststellung des Tatbestandes durch das Herz.

C. G. Jung, Ges. Werke 16, 69 f.

Martha aus Ban

Marthas Vater starb, als sie noch in der Wiege lag, und bevor sie das zehnte Lebensjahr erreicht hatte, starb auch ihre Mutter. Ein armer Nachbar, der mit seiner Frau und seinen Kindern in einem abgelegenen, ärmlichen Bauernhaus in der beeindruckenden Gebirgslandschaft des Libanon wohnte und von den Früchten des Feldes lebte, nahm die Waise bei sich auf.

Bei seinem Tod hatte Marthas Vater nichts als seinen guten Namen hinterlassen und ein Häuschen, das zwischen Weiden und Walnußbäumen stand. Der Tod der Mutter hatte Martha schwer getroffen. Er hinterließ eine Leere in ihrem Herzen und überließ sie dem traurigen Los einer Waisen. Ihr Geburtshaus im Schatten hoher Bäume wurde ihr fremd.

Barfuß und in abgetragenen Kleidern führte sie täglich eine Kuh auf die Weide. Tagsüber saß sie unter einem Baum, sang mit den Vögeln und weinte mit dem Bach. Sie betrachtete die Blumen und beneidete die Kuh um ihre reiche Kost.

Wenn der Abend anbrach und sich der Hunger bemerkbar machte, kehrte sie ins Haus ihres Vormunds zurück und setzte sich mit seiner Familie an den Tisch, auf dem ein kärgliches Abendessen bereitet war, das aus Maisbrot, Oliven und getrockneten Früchten bestand. Sie schlief in einem Bett aus Stroh, und ihr Arm diente ihr als Kopfkissen. Vor dem Einschlafen betete sie, daß ihr Leben ein nie endender Schlaf sein möge.

Bei Tagesanbruch weckte sie ihr Vormund, damit sie die Hausarbeit erledigen konnte, bevor sie die Kuh auf die Weide führte. Aus Furcht vor seinem Zorn tat sie, was ihr befohlen wurde.

Auf diese Weise vergingen entbehrungsreiche Jahre, und Martha wuchs auf wie ein junger Baum. Wie der Duft in Blüten und Blumen, so entwickelte sich in ihr ein stilles, heiteres Gemüt. Sie überließ sich ihren Träumen und ihrer Phantasie und folgte ihnen wie die Schafe dem Fluß, an dessen Wassern sie ihren Durst stillen. Ihr Gemüt glich einem jungfräulichen Land, auf dem Verstand und Wissen noch keine Saat ausgestreut hatten, und ihre Seele war wie ein Schatten Gottes, der nichts anderes zu tun hatte, als zwischen Erde und Sonne zu verweilen.

Wir Städter, die wir inmitten der Anregungen und Ablenkungen der Städte leben, wissen so gut wie nichts vom Alltag der Dorfbewohner im Gebirge. Wir werden mitgerissen vom Strom des städtischen Getümmels, bis wir den Rhythmus des einfachen Lebens auf dem Lande vergessen, das im Frühling heiter lächelt, im Sommer keine Mühen scheut, im Herbst die Früchte dieser Mühen erntet und im Winter ruht. An Gold und Silber sind wir wohlhabender als sie, sie aber sind reicher an Würde und Ehre. Was wir ernten, säen wir nicht; sie aber ernten, was sie säen. Wir sind Sklaven unseres Gewinnstrebens geworden, und sie sind Kinder der Zufriedenheit. Unser Schluck aus dem Becher des Lebens ist mit Bitterkeit und Verdruß vermischt, sie aber stillen ihren Durst an reinem Lebensnektar.

Mit ihren sechzehn Jahren war Marthas Seele wie ein klarer Spiegel, der eine liebliche Landschaft reflektiert, und ihr Herz war wie ein tiefes Tal, in dem alle Stimmen widerhallen.

An einem Herbsttag saß sie an der Quelle und schaute auf die fallenden bunten Blätter, die ein Windhauch von den Zweigen gelöst hatte, so wie der Tod die Seelen vom Baum des Lebens pflückt.

Sie betrachtete die vertrockneten Blumen, die ihre Samen dem Schoß der Erde anvertrauten, wie es Frauen mit ihrem Schmuck in Kriegszeiten zu tun pflegen.

Während sie bei der Betrachtung der Blumen und Bäume in Gedanken versunken war, hörte sie das Aufschlagen von Pferdehufen. Sie drehte sich um und erblickte einen Reiter, der sich näherte. Als er die Quelle erreicht hatte und sie sein Gesicht und seine Kleidung sehen konnte, die seinen Wohlstand zum Ausdruck brachte, stieg er von seinem Pferd und grüßte sie mit galanten Worten, wie sie nie zuvor an ihr Ohr gedrungen waren. Dann fuhr er fort:

«Ich habe mich verirrt, junge Dame. Hätten Sie die Güte, mir den Weg zur Küste zu zeigen?» Sie entgegnete zögernd: «Ich bedaure, Ihnen den Weg nicht zeigen zu können, da ich mich nie von diesem Platz entfernt habe. Doch ich kann meinen Vormund fragen. Er kann Ihnen gewiß helfen.»

Sie errötete vor Scham, als sie mit dem Fremden sprach, was ihr Gesicht noch zarter und schöner erscheinen ließ. Als sie weggehen wollte, um ihren Vormund zu holen, hielt er sie zurück und bat: «Geh nicht weg!»

Eine seltsame Macht in der Stimme dieses Mannes ließ sie unbeweglich verharren. Als Martha zu ihm aufblickte, bemerkte sie, wie er sie mit Interesse und Wohlgefallen musterte. Sie konnte seine Blicke nicht deuten. Er lächelte sie an und betrachtete ihre bloßen Füße, ihre anmutigen Arme, ihren zarten Nacken und ihre glänzenden Haare; er sah ihre sonnengewärmten Wangen und ihr wohlgeformtes Gesicht. Sie saß bewegungslos da und brachte kein einziges Wort hervor.

Die Kuh kehrte an diesem Abend alleine in ihren Stall zurück. Marthas Vormund suchte das ganze Tal nach ihr ab, ohne sie zu finden. Er rief nach ihr, doch er hörte nichts als sein eigenes Echo.

Seine Frau weinte die ganze Nacht; am Morgen sagte sie: «Letzte Nacht sah ich Martha im Traum in den Klauen eines wilden Tieres, das sie tötete, während Martha zugleich lächelte und weinte.»

Das war alles, was ich von Marthas Leben im Gebirge in Erfahrung gebracht hatte. Ich erfuhr es von einem alten Dorfbewohner, der sie seit ihrer Kindheit kannte, bis sie plötzlich verschwunden war und nichts zurückgelassen hatte als die Tränen einer Frau und sporadische Erinnerungen, die am Morgen mit den leichten Winden durchs Tal ziehen.

Im Herbst des Jahres 1900 kehrte ich aus dem Nordlibanon – dort hatte ich meine Ferien verbracht – nach Beirut zurück. Bevor das Semester an der Universität begann, verbrachten meine Kameraden und ich noch eine Woche damit, durch Beirut zu bummeln. Wir genossen die geschenkte Freiheit, die wir im Internat entbehren mußten, und wir glichen Vögeln, deren Käfig geöffnet wird, damit sie nach Belieben ein- und ausfliegen können. Die Jugendzeit ist ein schöner Traum, dessen Leuchtkraft unter dem Staub der Bücher leidet. Wird jemals der Tag kommen, an dem der Weise die Freuden des Wissens mit den Träumen der Jugend verknüpft? Wird der Tag kommen, an dem die Natur der Lehrmeister der Menschen sein wird, die Menschlichkeit ihr Lehrbuch und das Leben ihre Schule?

An jenem Tag wird sich der Traum der Jugend verwirklichen. Unser Aufstieg zur Vergeistigung vollzieht sich so schleppend, weil wir uns den Eifer der Jugend zu wenig zunutze machen.

Als ich eines Abends das Gedränge in den Beiruter Straßen beobachtete und betäubt war vom Geschrei der Straßenhändler, bemerkte ich unter ihnen einen etwa fünfjährigen Jungen in zerschlissener Kleidung, der auf einem Tablett Blumen zum Kauf anbot. Mit zaghafter Stimme fragte er mich: «Wollen Sie nicht einige Blumen kaufen, mein Herr?»

Ich sah sein kleines, blasses Gesicht, seine scheuen Augen, seinen Mund, der wie eine Wunde leicht geöffnet war, und seine bloßen, dünnen Arme. Sein schwacher Körper war über das Blumentablett gebeugt wie ein Zweig welker

Rosen auf frischem, grünem Gras. Ich nahm all diese Dinge mit einem Blick wahr, und ich versuchte, mein Mitleid durch ein Lächeln zum Ausdruck zu bringen, ein Lächeln, das bitterer war als Tränen. Ich kaufte ihm einige Blumen ab, doch was mir am Herzen lag, war mit ihm ins Gespräch zu kommen, denn ich fühlte, daß sein Herz eine Bühne war, auf der sich ein Drama des Elends abgespielt hatte, das zu sehen niemand bereit war, weil es bedrückt. Nachdem ich einige freundliche Worte mit ihm gewechselt hatte, faßte er Vertrauen; er sah mich erstaunt an, denn wie alle Armen war er es nicht gewohnt, daß man wohlwollend mit ihm sprach. Ich fragte ihn nach seinem Namen und erfuhr, daß er Fuad heißt. «Wessen Sohn bist du, Fuad?» wollte ich wissen.

«Ich bin der Sohn von Martha aus Ban», antwortete er.

«Und wer ist dein Vater?» fragte ich weiter.

Er schüttelte seinen Kopf wie jemand, der den Sinn der Frage nicht versteht.

«Wo ist deine Mutter jetzt, Fuad?»

«Sie liegt krank zu Hause», erwiderte er.

Plötzlich kam mir die unvollendete Geschichte von Martha aus Ban wieder in den Sinn, die ich von einem alten Dorfbewohner gehört hatte. Und nun erfuhr ich, daß sie hier in der Nähe lebte und offenbar krank war. Die junge Frau, die gestern noch wohlauf war und heiteren Sinnes durch die Täler streifte und sich an der Schönheit der Schöpfung erfreute, erlitt nun bittere Not. Diese Waise, die ihre Jugend im Paradies der Natur verbracht hatte, war im Armenviertel dieser Stadt gestrandet, als Beute von Elend und Unglück.

Der Junge sah mich an, während ich mir all diese Dinge vor Augen führte. Als er sich anschickte zu gehen, nahm ich ihn bei der Hand und sagte: «Bring mich zu deiner Mutter! Ich möchte sie gerne sehen.»

Er ging schweigend vor mir her; um sich meiner Gegenwart zu versichern, schaute er sich von Zeit zu Zeit um. Ich folgte Fuad durch enge, schmutzige Gassen, vorbei an verfallenden Häusern mit ekelhaften Gerüchen, wo Rechtsbrecher ihre Verbrechen ungestraft im Schutz der Dunkelheit begehen konnten.

Ich folgte dem Jungen und bewunderte seinen festen Schritt, denn man brauchte Mut, durch dieses Elendsviertel zu gehen, wo sich Gewalt, Verbrechen und Seuchen über den Ruhm dieser Stadt mokierten, die man ‹die Braut Syriens› oder ‹die Perle der Sultanskrone› nennt.

Am Ende einer der Gassen betrat der Junge ein besonders ärmliches Haus, das jeden Augenblick einzustürzen drohte. Mein Herz klopfte schneller, als ich Fuad in einen feuchten Raum ohne Licht und Luft folgte, der keine anderen Möbel enthielt als ein Eisenbett, auf dem eine Frau lag, beschienen vom schwachen Licht einer Petroleumlampe; sie lag mit ihrem Gesicht zur Wand, als ob sie der Armseligkeit und der Unterdrückung den Rücken kehren wollte.

Als der Junge ihre Schulter berührte und leise ‹Mama› sagte, drehte sie sich langsam um und sah ihn an. Fuad zeigte auf mich. Sie bewegte ihren schwachen Körper unter der zerschlissenen Bettdecke und sagte mit verzweifelter Stimme:

«Was willst du, Fremder? Bist du gekommen, um den letzten Rest meiner Seele zu kaufen, und sie mit deiner Lust zu beflecken? Geh, die Straßen sind voll von Frauen, die sich verkaufen. Was von mir noch übrigbleibt, wird der Tod bald in Besitz nehmen. Verlaß mich und meinen Jungen!»

Diese wenigen Worte faßten ihre tragische Lebensgeschichte zusammen. Ich näherte mich ihrem Bett und sagte:

«Martha, hab keine Angst vor mir! Ich komme nicht als begieriges Tier zu dir, sondern als mitfühlender Mensch. Ich wohnte lange Zeit in der Nähe deines Dorfes im Schatten der Zedern. Hab keine Angst vor mir!»

Als sie merkte, daß meine Worte aus einer mitfühlenden Seele kamen, zitterte sie wie ein dünner Zweig im Sturm. Sie bedeckte ihr Gesicht mit ihren Händen und versuchte, so die Erinnerung zu verbergen, deren Augenblick der Süße durch Bitterkeit verheert wurde. Dann sagte sie gefaßt:

«Sie kamen als Wohltäter hierher. Möge Gott Sie dafür belohnen. Dennoch bitte ich Sie zu gehen, denn Ihr Aufenthalt hier wird Sie entehren. Gehen Sie, bevor Sie jemand in diesem Zimmer entdeckt, und vermeiden Sie es, in dieser Gegend erkannt zu werden. Ihr mitfühlendes Herz kann weder meine Tugend wiederherstellen noch meine Schande wiedergutmachen. Auch kann sie mich nicht vor den Händen des Todes schützen. Meine eigene Schuld stürzte mich in dieses Elend. Lassen Sie nicht zu, daß Ihr Mitgefühl Sie in schlechten Ruf bringt. Ich bin eine Aussätzige, der man aus dem Weg gehen muß. Gehen Sie, bevor Sie noch angesteckt werden! Gehen Sie, und erwähnen Sie meinen Namen nicht im Heiligen Tal! Das räudige Schaf entfernt der Hirte aus seiner Herde, damit es die anderen nicht ansteckt. Wenn Sie von mir sprechen, sagen Sie, daß Martha aus Ban gestorben ist.»

Dann nahm sie die kleine Hand ihres Sohnes, küßte sie und fuhr fort:

«Die Menschen werden meinem Sohn vorwerfen, daß er die Frucht der Sünde sei. Er ist der Sohn von Martha aus Ban, der Ehebrecherin, werden sie sagen. Sie werden noch mehr sagen, denn sie sind blind und sehen nicht. Sie sind unwissend, und es bleibt ihnen verborgen, daß er gereinigt wurde durch die Tränen und den Schmerz seiner Mutter und daß sie ihre Schuld bereits gesühnt hat durch ihr Leiden und ihr Unglück. Ich werde sterben und ihn als Waisen zurücklassen inmitten der Straßenkinder. Er wird allein sein in diesem harten Lebenskampf, allein mit seinen traurigen Erinnerungen. Wenn er feige ist, wird er sich dieser Erinnerungen schämen; ist er aber stark, so wird er sich gegen die Ungerechtigkeit solcher Verhältnisse auflehnen, und wenn er ein Mann geworden ist, wird er dem Himmel helfen gegen denjenigen, der ihm und seiner Mutter Unrecht angetan hat und über sie Schande brachte. Und wenn sein Tod naht, werde ich ihn in der Ewigkeit erwarten, wo Licht und Frieden ohne Ende herrschen.»

Von ihren Worten bewegt, erwiderte ich:

«Martha, du bist keine Aussätzige! Auch wenn unreine Hände dich berührten, so bleibt dein Herz rein. Der Schmutz des Körpers kann einer reinen Seele nichts anhaben. Schnee und Eis können das Samenkorn in der Erde nicht vernichten. Dieses Leben ist eine Tenne der Traurigkeit, auf der das Korn der Seelen zermahlen wird. Wehe den Körnern, die nicht durch diese Tenne gehen; sie werden von den Vögeln gefressen und gelangen nicht in die Speicher des Herrn der Tenne. Du wurdest ungerecht behandelt, Martha, und derjenige, der dich mißhandelte, ist der Sohn des Schloßherrn, der reich ist an Geld, aber arm in seiner Seele. Es ist besser für den Menschen, ungerecht behandelt zu werden, als selbst ungerecht zu sein. Besser ist es, ein Opfer menschlicher Schwäche zu werden, als zu den Starken und Unterdrückern zu gehören, welche die Blumen des Lebens mit ihren Füßen zertreten. Unsere Seele, Martha, ist ein goldenes Glied einer göttlichen Kette; das Feuer kann den Ring in seiner Form verändern, aber sein Material bleibt immer Gold und läßt sich nicht in eine andere Substanz umwandeln; im Gegenteil, das Feuer vermehrt den Glanz und die Reinheit des Goldes. Doch wehe der Spreu! Sie wird vom Feuer vernichtet werden, und von ihr wird nichts übrigbleiben als Asche; und wenn sich ein Sturm erhebt, wird er die Asche über die Wüste zerstreuen. Du bist eine Blume, Martha, die von dem Tier in Menschengestalt zertreten wurde. Doch der Duft der Blume, der zum Himmel steigt, konnte nicht zertrampelt werden.»

Während Martha mir aufmerksam zuhörte, erhellte sich ihr bleiches Gesicht wie Wolken, die von der untergehenden Sonne beleuchtet werden. Mit einer Geste lud sie mich ein, mich auf die Bettkante zu setzen. Ich betrachtete das Gesicht dieser jungen Frau, die im Frühling ihres Lebens stand und die sich ihres baldigen Todes bewußt war, eine verlassene Frau, die einst gesund und munter in den schönen Tälern des Nordlibanon lebte und die nun darauf wartete, daß die Bande zerschnitten würden, die sie an dieses Leben fesselten. Sie nahm alle ihr verbliebene Kraft zusammen und flüsterte unter Tränen:

«Ja, ich bin all das, was du sagst. Ich bin ein Opfer des Raubtieres in Menschengestalt. Ich bin eine von den Hufen des Tieres zertretene Blume. Ich saß an der Quelle, als ein Reiter kam ... er sprach mit freundlichen Worten zu mir, wie ich sie nie zuvor gehört hatte ... er zog mich an sich und küßte mich ... er setzte mich auf sein Pferd und brachte mich in ein prächtiges Haus ... er schenkte mir Kleider aus Seide und duftende Parfüms ... er gab mir köstliche Speisen und Getränke. Doch sein gewinnendes Lächeln, seine freundlichen Worte und Gesten verbargen unreine Absichten. Nachdem er mich entehrt hatte, verließ er mich und lud auf meine Seele die Last der Schuld und Schmach. Er ließ mich allein mit der lebendigen Flamme in meinem Schoß. Er spaltete mein Leben in zwei Teile: mein hilfloses Ich und mein Kind ... uns war kalt, und wir waren hungrig ... wir waren allein und ohne Hilfe ... nur Tränen, Seufzer, Sorgen und Angst waren unsere Begleiter ... Um meinen Sohn zu ernähren, verkaufte ich meine Ehre gegen Nahrung und Kleidung ... Wie oft war ich nahe daran, mir das Leben zu nehmen, aber ich war nicht allein, sondern hatte für mein Kind zu sorgen. Doch nun ist endlich die Stunde gekommen, und der geliebte Tod naht, um mich unter seinen schützenden Fittichen zu bergen.»

Nach einer Weile des Schweigens sagte sie ruhig:

«O Gerechtigkeit, die du dich hinter so schrecklichen Bildern verbirgst, hör das Rufen meiner scheidenden Seele und das Flehen meines gebrochenen Herzens! Hab Erbarmen mit uns! Führe mit deiner Rechten meinen Sohn und empfange mit deiner Linken meine Seele!»

Ihre Kräfte schwanden, und ihr Atem wurde immer schwächer. Sie blickte liebevoll auf ihren Sohn, und mit kaum hörbarer Stimme flüsterte sie:

«Vater unser …

im Himmel …

Dein Name werde geheiligt …

Dein Reich komme …

Dein Wille geschehe…

wie im Himmel …

so auf Erden …

Vergib uns unsere Schuld …»

Ihre Stimme verließ sie, aber ihre Lippen bewegten sich noch einen Augenblick. Dann tat sie ihren letzten Atemzug. Ihre Augen blieben offen, als schauten sie das Unsichtbare.

Als der Morgen aufbrach, wurde Martha aus Ban in einen einfachen Holzsarg gelegt und von zwei Männern zu einer Gruft getragen, die weit entfernt von Beirut lag.

Die Priester hatten sich geweigert, sie in geweihter Erde zu begraben, wo das Kreuz über die Toten wacht. Niemand begleitete sie zu ihrer letzten Ruhestätte außer ihrem Sohn und einem jungen Mann, den das Leben Mitleid und Barmherzigkeit gelehrt hatte.   *Khalil Gibran, Martha aus Ban*

Das Belebende des Schattens

Wenn die verdrängten Tendenzen des Schattens nichts als böse wären, so gäbe es überhaupt kein Problem. Aber der Schatten ist in der Regel nur etwas Niedriges, Primitives, Unangepaßtes und Mißliches und nicht absolut böse. Er enthält auch kindische oder primitive Eigenschaften, die in gewisser Weise die menschliche Existenz beleben und verschönern würden; aber man stößt sich an hergebrachten Regeln. Das gebildete Publikum, die Blüte unserer gegenwärtigen Zivilisation, ist etwas von seinen Wurzeln abgehoben und ist im Begriffe, seine Verbindung mit der Erde zu verlieren. Es gibt heutzutage nur wenige zivilisierte Länder, wo die unteren Bevölkerungsschichten nicht in einem Zustand unruhiger Meinungskonflikte sind. In einer Anzahl europäischer Nationen erfaßt dieser Zustand auch die oberen Schichten. Diese Lage der Dinge demonstriert unser psychologisches Problem in vergrößertem Maßstab. Insofern Kollektivitäten bloße Anhäufungen von Individuen darstellen, sind ihre Probleme ebenfalls Anhäufungen individueller Probleme. Der eine Teil identifiziert sich mit dem höheren Menschen und kann nicht heruntersteigen, und der andere Teil identifiziert sich mit dem unteren Menschen und möchte an die Oberfläche kommen. *C. G. Jung, Grundwerk, Bd. 4, S. 81*

Der Mensch ist nie vollkommen

Mir kam die Erkenntnis, daß Bejahung der Todesgefahr und Bejahung des Todes nicht von gleicher Beschaffenheit sind. Und ich habe junge Leute gekannt, die dem Tode hochmütig die Stirn boten. Und im allgemeinen geschah das, weil es Frauen gab, die ihnen Beifall spendeten. Du kehrst aus dem Krieg zurück, und dir gefällt die Hymne, die dir ihre Augen singen. Und so bejahst du die Feuerprobe oder setzt deine Männlichkeit aufs Spiel, denn das allein existiert, was du zum Opfer bringst und bei dem du Gefahr läufst, es zu verlieren. Und die Spieler wissen es wohl, die ihr Vermögen beim Würfeln einsetzen, denn nichts von ihrem Vermögen ist ihnen von Nutzen, nun aber wird es zur Bürgschaft für einen Würfel und voller Erhabenheit in deiner Hand; so wirfst du deine Goldklumpen auf den rohgezimmerten Tisch, und sie entfalten sich zu den Ebenen, den Weiden und Ernten deines Landgutes.

Der Mann kehrt also zurück und lustwandelt im Licht seines Sieges, die Schulter schwer vom Gewicht der Waffen, die er erbeutet hat und die vielleicht mit Blut geschmückt sind. Und so erstrahlt er vielleicht eine Weile, aber nur eine Weile. Denn du kannst von deinem Sieg nicht leben. Die Bejahung der Todesgefahr ist somit Bejahung des Lebens. Und die Liebe der Gefahr ist Liebe des Lebens. So war auch dein Sieg die Gefahr, die du liefest, eine Niederlage zu erleiden, und die du durch deine schöpferische Tat überwunden hast; und du hast niemals gesehen, wie ein Mann, der gefahrlos über Haustiere herrschte, sich damit brüstete, daß er Sieger sei.

Ich aber verlange mehr von dir, wenn ich dich als einen Soldaten wünsche, der Frucht trägt für das Reich. Wohl gibt es hier eine schwer zu überschreitende Schwelle, denn eines ist es, die Todesgefahr und ein anderes, den Tod zu bejahen.

Ich will, daß du einem Baum gehören sollst, dem Baum unterworfen. Ich will, daß dein Stolz im Baum seinen Sitz habe. Und dein Leben, damit es einen Sinn gewinne.

Die Bejahung der Gefahr ist nur ein Geschenk, das du dir selber machst. Du liebst es, in vollen Zügen zu atmen und die Mädchen durch deinen Glanz zu beherrschen. Und du hast das Bedürfnis, von der Bejahung der Gefahr zu erzählen; sie ist eine Tauschware. Meine Korporale sind daher ruhmredig. Doch sie ehren wiederum nur sich selber.

Wenn du dein Vermögen beim Würfelspiel verlierst, weil du es deutlich empfinden und mit deiner Hand umschließen wolltest; weil du es mit dem Gewicht von Stroh und Korn in den Scheunen, mit dem Vieh auf seinen Weiden und mit den Dörfern, die – als ein Zeichen menschlichen Lebens – einen leichten Rauch ausatmen, greifbar und gehaltvoll und ganz gegenwärtig im gleichen Augenblick in deiner Hand spüren wolltest, so ist das etwas anderes, als wenn du dich eben dieser gleichen Scheunen, eben dieser Herden, eben dieser Dörfer entäußerst, um fern von ihnen zu leben. Wenn du dein Vermögen auf einen Wurf setzt und im Augenblick der Gefahr seine Glut entfachst, so ist das etwas anderes, als wenn du darauf verzichtest gleich einem Manne, der sich Stück für Stück seiner Kleider entledigt und verächtlich am Ufer seine Sandalen ablegt, um sich nackt dem Meer hinzugeben.

Du mußt sterben, um dich hinzugeben.

Du mußt überdauern nach Art der alten Frauen, die sich die Augen abnutzen, wenn sie die Kirchengewänder nähen, mit denen sie ihren Gott bekleiden. Sie werden dadurch selber zum Gewand Gottes. Und durch das Wunder ihrer Finger wird die Hülle aus Leinen zum Gebet.

Denn du bist nichts als Weg und Durchgang und kannst nur von dem wahrhaft leben, was du verwandelst. Der Baum verwandelt die Erde in Zweige. Die Biene die Blüte in Honig. Und dein Pflügen die schwarze Erde in das Flammenmeer des Getreides.

Es kommt mir daher vor allem darauf an, daß dir dein Gott wirklicher ist als das Brot, in das deine Zähne einbeißen. Dann wird er dich trunken machen, bis du dich opferst und dich dadurch in Liebe vermählst.

Du aber hast alles zerstört und alles vergeudet, da du das Gefühl für das Fest verloren hast und dich zu bereichern glaubst, wenn du deine Vorräte auf die einzelnen Tage verteilst. Denn du täuschst dich über den Sinn der Zeit. Da sind deine Historiker, deine Logiker und deine Kritiker dahergekommen. Sie haben die Baustoffe betrachtet, und weil sie nicht zwischen den Zeilen zu lesen verstanden, haben sie dir geraten, dich an ihnen zu ergötzen. Und du hast das Fasten abgelehnt, das Voraussetzung für das Festmahl war. Du hast es abgelehnt, jenen Teil des Kornes zu opfern, der dem Korn seinen Glanz verlieh, weil er verbrannt wurde für das Fest.

Und du begreifst nicht, daß es ein Augenblick ist, der das ganze Leben aufwiegt, denn blind gemacht hat dich deine elende Rechenkunst. *A. de Saint-Exupéry, Die Stadt in der Wüste*

Die Eitelkeit

Der zweite Planet war von einem Eitlen bewohnt.

«Ah, ah, schau, schau, ein Bewunderer kommt zu Besuch!» rief der Eitle von weitem, sobald er des kleinen Prinzen ansichtig wurde. Denn für die Eitlen sind die anderen Leute Bewunderer.

«Guten Tag», sagte der kleine Prinz. «Sie haben einen spaßigen Hut auf.»

«Der ist zum Grüßen», antwortete ihm der Eitle. «Er ist zum Grüßen, wenn man mir zujauchzt. Unglücklicherweise kommt hier niemand vorbei.»

«Ach ja?» sagte der kleine Prinz, der nichts davon begriff.

«Schlag deine Hände zusammen», empfahl ihm der Eitle.

Der kleine Prinz schlug seine Hände gegeneinander. Der Eitle grüßte bescheiden, indem er seinen Hut lüftete.

Das ist unterhaltender als der Besuch beim König, sagte sich der kleine Prinz.

Und er begann von neuem die Hände zusammenzuschlagen.

Der Eitle wieder fuhr fort, seinen Hut grüßend zu lüften.

Nach fünf Minuten wurde der kleine Prinz der Eintönigkeit dieses Spiels überdrüssig.

«Und was muß man tun», fragte er, «damit der Hut herunterfällt?»

Aber der Eitle hörte ihn nicht. Die Eitlen hören immer nur die Lobreden.

«Bewunderst du mich wirklich sehr?» fragte er den kleinen Prinzen.

«Was heißt ‹bewundern›?»

«Bewundern heißt erkennen, daß ich der schönste, der best-
angezogene, der reichste und der intelligenteste Mensch
des Planeten bin.»

«Aber du bist doch allein auf deinem Planeten!»

«Mach mir die Freude, bewundere mich trotzdem!»

«Ich bewundere dich», sagte der kleine Prinz, indem er ein
bißchen die Schultern hob, «aber wozu nimmst du das
wichtig?»

Und der kleine Prinz machte sich davon.

Die großen Leute sind entschieden sehr verwunderlich,
stellte er auf seiner Reise fest. *A. de Saint-Exupéry, Der kleine Prinz*

Von den Gesetzen

Dann sagte ein Rechtsgelehrter: Aber wie ist es mit unseren Gesetzen, Meister?

Und er antwortete:

Es freut euch, Gesetze zu erlassen,

Doch mehr freut es euch, sie zu brechen.

Wie Kinder, die am Meer spielen und mit Ausdauer Sandburgen bauen, um sie dann lachend zu zerstören. Aber
während ihr eure Sandburgen baut, bringt der Ozean
mehr Sand an den Strand,

Und wenn ihr sie zerstört, lacht der Ozean mit euch.

Denn der Ozean lacht immer mit den Unschuldigen.

Aber was ist mit denen, für die das Leben kein Ozean ist
und für die von Menschen gemachte Gesetze keine Sandburgen sind,

Sondern für die das Leben ein Fels ist und das Gesetz ein Meißel, mit dem sie es gern nach ihrem Ebenbild formen möchten?

Was mit dem Krüppel, der die Tänzer haßt?

Was mit dem Ochsen, der sein Joch liebt und den Elch und das Wild des Waldes für streunende und heimatlose Wesen hält?

Was mit der alten Schlange, die ihre Haut nicht abstreifen kann und alle anderen nackt und schamlos nennt?

Und was mit dem, der früh zum Hochzeitsfest kommt und dann übersättigt und müde seines Weges geht und sagt, daß alle Feste Gesetzesübertretungen seien und alle Feiernden Gesetzesbrecher?

Was soll ich von jenen sagen, außer daß auch sie im Sonnenlicht stehen, aber mit dem Rücken zur Sonne?

Sie sehen nur ihre Schatten, und ihre Schatten sind ihre Gesetze.

Und was ist ihnen die Sonne anderes als etwas, das Schatten wirft?

Und was heißt, die Gesetze anzuerkennen anderes als sich zu bücken und ihre Schatten auf der Erde nachzuzeichnen?

Aber ihr, die ihr mit dem Angesicht zur Sonne geht, welche auf die Erde gezeichneten Bilder können euch halten?

Ihr, die ihr mit dem Wind reist, welcher Wetterhahn soll euch den Weg weisen?

Welches Menschengesetz soll euch binden, wenn ihr euer Joch zerbrecht, aber an niemandes Gefängnistür rüttelt?

Welche Gesetze sollt ihr fürchten, wenn ihr tanzt, aber über niemandes eiserne Ketten stolpert?

Und wer soll euch vor Gericht stellen, wenn ihr euer Gewand herunterreißt, aber es niemandem an den Weg legt? Leute von Orphalese, ihr könnt die Trommel dämpfen und die Saiten der Leier lockern, doch wer soll der Lerche befehlen, nicht zu singen? *Khalil Gibran, Der Prophet*

Von Irrtum zu Irrtum ...

Der Wanderer, der seinen Berg in der Richtung eines Sternes überschreitet, läuft Gefahr, zu vergessen, welcher Stern ihn führt, wenn er sich zu sehr von den Fragen des Anstiegs gefangennehmen läßt. Wenn er nur noch handelt, um zu handeln, wird er nirgends hinkommen. Die Kirchenstuhlvermieterin einer Kathedrale, die sich zu eifrig mit dem Vermieten der Kirchenstühle befaßt, läuft Gefahr, zu vergessen, daß sie einem Gott dient. Wenn ich mich an irgendeine Parteileidenschaft verliere, laufe ich Gefahr, zu vergessen, daß die Politik nur dann einen Sinn hat, wenn sie im Dienst einer geistigen Gewißheit steht. Wir haben in den Stunden des Wunders eine ganz bestimmte Beschaffenheit der menschlichen Beziehungen verkostet: Da liegt für uns die Wahrheit. Wie dringlich eine Handlung auch sein mag, wir dürfen nie vergessen, daß eine innere Berufenheit sie beherrschen muß, soll sie nicht unfruchtbar bleiben. Wir wollen die Ehrfurcht vor dem Menschen begründen. Warum sollen wir uns innerhalb ein und desselben Lagers hassen? Keiner von uns besitzt das Monopol auf die Reinheit der Absichten. Ich kann im Namen meines Weges den Weg bekämpfen, den ein anderer gewählt hat. Ich kann die Schritte seines Verstandes kritisieren, das Verfahren des Verstandes ist unsicher. Aber ich muß auf der Ebene des Geistes den Mann achten, der nach dem gleichen Stern strebt.

Ehrfurcht vor dem Menschen! Ehrfurcht vor dem Menschen! … Wenn die Ehrfurcht vor dem Menschen in den Herzen der Menschen wurzelt, werden die Menschen einmal so weit kommen, ihrerseits wieder das soziale, politische oder ökonomische System zu begründen, das diese Ehrfurcht für immer gewährleistet. Eine Zivilisation bildet sich zuerst im Kern. Sie ist im Menschen zuerst das blinde Verlangen nach einer gewissen Wärme. Von Irrtum zu Irrtum findet der Mensch den Weg zum Feuer.

A. de Saint-Exupéry, Brief an einen Ausgelieferten

Der Mensch auf dem Weg
zu sich selbst

Der Mensch ist ein Prozeß

Man täuscht sich dann nämlich über den Gegenstand des Verlangens. Du sagst, das Ziel, dem du nachjagtest, entferne sich ständig von dir. Es ist das, als wenn sich der Baum beklagen wollte: Ich habe meine Blüte gebildet, könnte er sagen, und nun wird sie zum Samenkorn und das Samenkorn wird zum Baum und der Baum abermals zur Blüte... So hast du deinen Sturm bezwungen, und dein Sturm ist Ruhe geworden, aber die Ruhe ist nur Vorbereitung auf den neuen Sturm. Ich sage dir, es gibt keine göttliche Gnade, die es dir ersparte, zu *werden*. Du möchtest *sein*. Du wirst erst in Gott zum Sein gelangen. Er wird dich in seine Scheuer einbringen, wenn du langsam *geworden* bist, wenn du aus deinen Taten geformt wurdest, denn der Mensch, siehst du, bedarf einer langen Zeit für seine Geburt. *A. de Saint-Exupéry, Die Stadt in der Wüste*

Ziehe hinkenden Fußes des Weges

Verwechsle nicht die Liebe mit dem Rausch des Besitzes, der die schlimmsten Leiden mit sich bringt. Denn du leidest nicht unter der Liebe, wie die Leute meinen, sondern unter dem Besitztrieb, der das Gegenteil der Liebe ist. Aus Liebe zu Gott ziehe ich hinkenden Fußes des Weges, um Gott zunächst einmal zu anderen Menschen hinzutragen. Und ich denke nicht daran, mir aus meinem Gott einen Sklaven zu machen. Ich werde durch die Gaben gespeist, die er anderen gewährt. Und so vermag ich den wahrhaft Liebenden daran zu erkennen, daß er nicht gekränkt werden kann. *A. de Saint-Exupéry, Die Stadt in der Wüste*

Wer ist das wirkliche Individuum?

Wenn man vom Menschen spricht, meint wohl jeder sein Ich – d.h. seine persönliche Disposition, insoweit er ihrer bewußt ist –, und wenn man von anderen spricht, so nimmt man an, daß sie eine ziemlich ähnliche Beschaffenheit haben. Da aber die moderne Forschung uns mit der Tatsache bekannt gemacht hat, daß das individuelle Bewußtsein gegründet ist auf und eingebettet in eine unbestimmbar weit ausgedehnte, unbewußte Psyche, muß man notwendigerweise das etwas altmodische Vorurteil revidieren: der Mensch sei nicht mehr als sein Bewußtsein. Diese naive Annahme muß sofort der kritischen Frage gegenübergestellt werden: wessen Bewußtsein? Tatsächlich wäre es eine schwierige Aufgabe, das Bild, das ich von mir selber habe, mit dem, das andere Leute sich von mir machen, in Übereinstimmung zu bringen. Wer hat recht? Und wer ist das wirkliche Individuum? Wenn man noch weitergeht und die Tatsache in Betracht zieht, daß der Mensch auch noch das ist, was weder er selbst noch andere Leute von ihm wissen – ein zunächst unbekanntes Etwas, dessen Existenz jedoch bewiesen werden kann –, so wird das Problem der Identität noch viel schwieriger. Tatsächlich ist es unmöglich, die Ausdehnung und den definitiven Charakter psychischer Existenz zu bestimmen. Wenn wir nun vom Menschen sprechen, so meinen wir dessen unbegrenzbares Ganzes, eine unformulierbare Totalität, die nur symbolisch ausgedrückt werden kann. Ich habe den Ausdruck «Selbst» gewählt, um die Totalität des Menschen, die Summe seiner bewußten und unbewußten Gegebenheiten, zu bezeichnen. ...

Die Welt ist, wie sie immer war, aber unser Bewußtsein unterliegt eigentümlichen Veränderungen. Zuerst, in fernen Zeiten (was jedoch noch an heute lebenden Primitiven beobachtet werden kann), lag der Hauptteil des psychischen Lebens anscheinend außen in menschlichen und nichtmenschlichen Objekten: Er war projiziert, wie wir jetzt sagen würden. In einem Zustand mehr oder weniger vollkommener Projektion kann es kaum ein Bewußtsein geben. Durch das Zurückziehen der Projektionen entwickelte sich langsam die bewußte Erkenntnis. Die Wissenschaft begann merkwürdigerweise mit der Entdeckung astronomischer Gesetze, also mit der Zurückziehung der quasi fernsten Projektion. Das war eine erste Phase in der Entseelung der Welt. Ein Schritt folgte dem anderen: Schon in der Antike wurden die Götter aus den Bergen und Flüssen, aus den Bäumen und Tieren entrückt. Unsere moderne Wissenschaft hat ihre Projektionen zwar bis zu einem fast unerkennbaren Grade verfeinert, aber unser tagtägliches Leben wimmelt noch von Projektionen. Sie machen sich breit in Zeitungen, Büchern, Gerüchten und gewöhnlichem gesellschaftlichem Klatsch. Alle Lücken, wo wirkliches Wissen fehlt, werden immer noch mit Projektionen ausgefüllt. Wir sind immer noch beinahe sicher, daß wir wissen, was andere Leute denken oder was ihr wahrer Charakter ist. Wir sind überzeugt, daß gewisse Leute alle jene schlechten Eigenschaften haben, die wir in uns selbst nicht finden, oder daß sie alle jene Laster leben, die natürlich niemals unsere eigenen sein könnten. Wir müssen immer noch äußerst vorsichtig sein, um nicht unseren eigenen Schatten allzu schamlos zu projizieren, und sind immer noch überschwemmt von projizierten Illusionen. Wenn man sich jemanden vorstellt, der tapfer genug ist, diese Projektionen allesamt zurückzuziehen, dann ergibt sich ein Individuum, das sich eines beträchtlichen Schattens bewußt ist. Ein solcher Mensch hat sich neue Probleme und Konflikte aufgeladen. Er ist sich selbst eine ernste Aufgabe geworden, da er jetzt nicht mehr sagen kann, daß die *anderen* dies oder jenes tun, daß *sie* im Fehler sind, und daß man gegen *sie* kämpfen muß. Er lebt in dem «Hause der Selbstbesinnung», der inneren Sammlung. Solch ein Mensch weiß, daß, was immer in der Welt verkehrt ist, auch in ihm selber ist, und wenn er nur lernt, mit seinem eigenen Schatten fertig zu werden, dann hat er etwas Wirkliches für die Welt getan. Es ist ihm dann gelungen, wenigstens einen allerkleinsten Teil der ungelösten riesenhaften Fragen unserer Tage zu beantworten. Diese Probleme sind zum guten Teil so schwierig, weil sie vergiftet sind durch gegenseitige Projektionen. Wie kann auch jemand klar sehen, wenn er nicht einmal sich selbst und jene Dunkelheit sieht, welche er unbewußt in alle seine Handlungen mit hineinträgt? *C. G. Jung, Grundwerk Bd. 4, 84 ff.*

Die Natur läßt sich durch Ratschläge nicht imponieren

Die Persönlichkeit als eine völlige Verwirklichung der Ganzheit unseres Wesens ist ein unerreichbares Ideal. Die Unerreichbarkeit ist aber nie ein Gegengrund gegen ein Ideal, denn Ideale sind nichts als Wegweiser und niemals Ziele.

Wie das Kind sich entwickeln muß, um erzogen zu werden, so muß sich auch die Persönlichkeit zuerst entfalten, bevor sie der Erziehung unterworfen werden kann. Und hier schon beginnt die Gefahr. Wir haben es mit etwas Unabsehbarem zu tun, wir wissen nicht, wie und wohin sich die werdende Persönlichkeit entwickeln wird, und wir haben genug von Natur und Weltwirklichkeit gelernt, um mit Recht etwas mißtrauisch zu sein. Wir sind sogar von der christlichen Lehre im Glauben an das ursprünglich Böse der menschlichen Natur erzogen worden. Aber selbst solche, die sich nicht mehr an die christliche Lehre halten, sind natürlicherweise mißtrauisch und ängstlich in bezug auf die in ihren Untergründen liegenden Möglichkeiten. Selbst aufgeklärte, materialistische Psychologen wie FREUD geben uns eine sehr unangenehme Idee von den schlummernden seelischen Hinter- und Abgründen menschlicher Natur. Es bedeutet daher an sich schon fast ein Wagnis, für die Entfaltung der Persönlichkeit ein gutes Wort einzulegen. Der menschliche Geist steckt aber voll der seltsamsten Widersprüche. Wir preisen die «heilige Mutterschaft» und denken nicht daran, sie für alle menschlichen Monstren, wie Schwerverbrecher, gefährliche Geisteskranke, Epileptiker, Idioten und Krüppel jeglicher Art, die doch auch geboren werden, verantwortlich zu machen. Wir sind aber von den schwersten Zweifeln befallen, wenn wir der menschlichen Persönlichkeit freie Entwicklung gewähren sollen. «Dann wäre ja alles möglich», heißt es. Oder man wärmt den schwachbegabten Einwurf des «Individualismus» wieder auf. Individualismus war noch nie eine natürliche Entwicklung, sondern eine unnatürliche Usurpation, eine unangepaßte, impertinente Pose, die ihre Hohlheit oft bei der geringsten Schwierigkeit schon mit einem Zusammenbruch erweist. Hier handelt es sich um anderes.

Niemand nämlich entwickelt seine Persönlichkeit, weil ihm jemand gesagt hat, es wäre nützlich oder ratsam, es zu tun. Die Natur hat sich durch wohlmeinende Ratschläge noch nie imponieren lassen. Nur kausal wirkender Zwang bewegt die Natur, auch die menschliche. Ohne Not verändert sich nichts, am wenigsten die menschliche Persönlichkeit. Sie ist ungeheuer konservativ, um nicht zu sagen *inert*. Nur schärfste Not vermag sie aufzujagen. So gehorcht auch die Entwicklung der Persönlichkeit keinem Wunsch, keinem Befehl und keiner Einsicht, sondern nur der *Not;* sie bedarf des motivierenden Zwanges innerer oder äußerer Schicksale. Jede andere Entwicklung wäre eben Individualismus. Darum bedeutet auch der Vorwurf des Individualismus eine gemeine Beschimpfung, wenn er gegenüber einer natürlichen Persönlichkeitsentwicklung erhoben wird. *C. G. Jung, Ges. Werke 17, 196 f.*

Wir sind kein Zuchtvieh

Als ich durch die Wüste mit dem Tode um die Wette ging, habe ich wieder einmal einer Erkenntnis gegenübergestanden, die dem Kopf so schwer eingehen will. Ich habe mich verloren gegeben, ich glaubte, in den Abgrund der Verzweiflung zu stürzen; aber ich brauchte nur zu verzichten, am Frieden zu finden. Der Mensch muß wohl solche Stunden erleben, um zu sich selbst zu finden und sein eigener Freund zu werden. Nichts kann ihm dann das Gefühl der Erfüllung nehmen; ein Lebensbedürfnis in ihm ist befriedigt, das ihm vorher gar nicht bewußt gewesen war. Ich kann mir denken, daß Bonnafous diese Abgeklärtheit kannte, wenn er bis zur Erschöpfung mit den Winden durch die Wüste eilte. Guillaumet empfand sie in seinem tiefen Schnee. Und ich will mich selbst nicht vergessen, wie warm es mir in meinem Sternenkleid zum Herzen strömte, als ich im Sand bis zum Hals begraben lag und vom Durst langsam erstickt wurde.

Was können wir tun, um diese Befreiung des Menschen in uns zu fördern? Planmäßig zu arbeiten ist beim Menschen schwer, denn alles bei ihm ist Widersinn. Da sichert die

Gesellschaft dem Dichter oder Forscher sein Brot, um seine schöpferische Arbeit zu ermöglichen; der Geförderte schläft träge ein. Der siegreiche Eroberer verfettet, der reichgewordene Großherzige wird zum Raffer. Was nützen uns die politischen Lehren, die den Menschen zu entwickeln versprechen, wenn wir von vornherein gar nicht wissen, was für Stoff ihnen zur Verfügung stehen wird? Was für Begabungen werden geboren? Wir sind kein Zuchtvieh; beim Menschen zählt das Erscheinen eines armen Pascal mehr als viele wohlgenährte Namenlose.

Das, worauf es im Leben am meisten ankommt, können wir nicht vorausberechnen. Die schönste Freude erlebt man immer da, wo man sie am wenigsten erwartet hat. Diese Sternstunden aber lassen eine so tiefe Sehnsucht im Herzen zurück, daß manche Menschen Heimweh nach ihren trübsten Zeiten fühlen, wenn diesen ihre Freuden entsprossen sind. Wie oft haben wir im Kreis von langvermißten Kameraden die Wonnen der bösen Erinnerungen genossen!

Wir wissen zu unserer Lebensgestaltung nur, daß es Mächte gibt, die den Menschen überraschend fruchtbar werden lassen. Wo aber soll man das einzig Richtige, die Wahrheit für jeden einzelnen Menschen finden?

Wahrheiten kann man nicht durch Beweisketten erschließen, man muß sie erproben. Wenn Apfelsinenbäume in diesem Boden und nicht in jenem gut anwurzeln und reichlich Früchte tragen, dann ist dieser Boden ihre Wahrheit. Wenn ein Glaube, eine Kultur, ein Wertmaßstab, ein Arbeitsplan im Menschen jene Erfüllung, von der wir hier sprechen, auszulösen vermögen, dann ist eben dieser Wertmaßstab, diese Kultur, dieser Arbeitsplan, dieser Glaube die Wahrheit des Menschen. Die Logik? Sie sehe zu, wie sie mit dem Leben fertig wird und von ihm Rechenschaft abzulegen vermag!

A. de Saint-Exupéry, Wind, Sand und Sterne

Die größere See

Meine Seele und ich gingen an die große See, um zu baden.

Als wir an die Küste kamen, hielten wir Ausschau nach einem stillen und heimlichen Platz. Dabei stießen wir auf einen Mann, der auf einem grauen Felsen saß, Salz aus einem Sack nahm und es ins Meer warf.

«Das ist der Pessimist», sagte meine Seele, «laß uns den Ort verlassen. Hier können wir nicht baden».

Wir wanderten weiter und kamen an eine Bucht, wo wir einen Mann sahen, der auf einem weißen Felsen stand und aus einer juwelenbesetzten Schatulle Zucker in die See warf.

«Das ist der Optimist», sagte meine Seele, «er soll unsere nackten Körper auch nicht sehen».

Wir wanderten weiter und sahen einen Mann, der am Strand tote Fische auflas und sie behutsam wieder in das Wasser tat.

«Vor diesem können wir auch nicht baden», sagte meine Seele, «das ist der humane Philanthrop».

Wir gingen weiter.

Dann sahen wir einen Mann, der seinem Schatten im Sand folgte. Große Wellen kamen und löschten den Schatten aus, aber der Mann folgte ihm weiterhin. «Das ist der Mystiker», sagte meine Seele, «gehen wir weiter».

Wir gingen weiter, bis wir in einer stillen Bucht einen Menschen sahen, der den Schaum vom Wasser abschöpfte und in eine Alabasterschale tat.

«Das ist der Idealist», sagte meine Seele, «der darf unsere Nacktheit gewiß nicht sehen».

Wir gingen weiter. Plötzlich hörten wir eine Stimme: «Die See! Die unendlich gewaltige See!» – Als wir näher kamen, sahen wir einen Mann, der mit dem Rücken zur See dem Rauschen einer Muschel lauschte.

Meine Seele sagte: «Gehen wir weiter. Das ist der Realist, der dem Ganzen, das er nicht fassen kann, den Rücken kehrt und sich mit Stückwerk aufhält.»

So gingen wir weiter. In einer felsigen Wildnis sahen wir einen Mann, der seinen Kopf in den Sand eingegraben hatte. Da sagte ich zu meiner Seele: «Hier können wir baden, der kann uns nicht sehen.»

«Nein», sagte meine Seele, «das ist der übelste von allen, der Puritaner».

Da wurde meine Seele sehr traurig und sagte:

«Gehn wir fort von hier. Hier gibt es keinen stillen und heimlichen Platz, wo wir baden könnten. Dieser Wind soll nicht durch mein goldenes Haar und über meinen weißen Busen streichen, dies Licht soll nicht meine heilige Nacktheit entblößen.»

So verließen wir die See, um nach der größeren See zu suchen.

Khalil Gibran, Der Narr

Der Schuhmacher, der kein Poet sein darf

Die Persona ist ein kompliziertes Beziehungssystem zwischen dem individuellen Bewußtsein und der Sozietät, passenderweise eine Art Maske, welche einerseits darauf berechnet ist, einen bestimmten Eindruck auf die anderen zu machen, andererseits, die wahre Natur des Individuums zu verdecken. Daß letzteres überflüssig wäre, kann nur der behaupten, welcher mit seiner Persona dermaßen identisch ist, daß er sich selbst nicht mehr kennt, und daß ersteres unnötig sei, kann nur der sich einbilden, welcher der wahren Natur seiner Mitmenschen unbewußt ist. Die Sozietät erwartet, ja muß von jedem Individuum erwarten, daß es die ihm zugedachte Rolle möglichst vollkommen spielt, daß also mithin einer, der Pfarrer ist, nicht nur objektiv seine Amtsfunktionen ausführe, sondern auch sonst zu allen Zeiten und unter allen Umständen die Rolle des Pfarrers anstandslos spiele. Die Sozietät verlangt dies als eine Art von Sicherheit; jeder muß an seinem Platz stehen, der eine ist Schuhmacher, der andere Poet. Es wird nicht erwartet, daß er beides sei. Es ist auch nicht ratsam, beides zu sein, denn das wäre etwas unheimlich. Ein solcher wäre ja «anders» als andere Leute, nicht ganz zuverlässig. In der akademischen Welt wäre er ein «Dilettant», politisch eine «unberechenbare» Größe, religiös ein «Freigeist», kurz, der Verdacht der Unzuverlässigkeit und Unzulänglichkeit fiele auf ihn, denn die Sozietät ist überzeugt, daß nur der Schuhmacher, der nicht auch noch Poet ist, fachmännisch richtige Schuhe liefert. Die Eindeutigkeit der persönlichen Erscheinung ist eine praktisch wichtige Sache, denn der der Sozietät einzig bekannte Durchschnittsmensch muß den Kopf schon bei *einer* Sache haben, um etwas Tüchtiges leisten zu können, deren zwei wären für ihn zu viel. Unsere Sozietät ist zweifellos auf solche Ideale eingestellt. Es ist daher kein Wunder, daß jeder, der es zu etwas bringen will, diese Erwartungen berücksichtigen muß. Im Sinne der Individualität könnte natürlich niemand in diesen Erwartungen restlos aufgehen, daher die Konstruktion einer künstlichen Persönlichkeit unabweisbare Notwendigkeit wird. Die Forderungen des Anstandes und der guten Sitte tun ein übriges zur Motivierung einer bekömmlichen Maske. Hinter der Maske entsteht dann das, was man «Privatleben» nennt. Diese sattsam bekannte Trennung des Bewußtseins in zwei oft lächerlich verschiedene Figuren ist eine einschneidende psychologische Operation, die nicht ohne Folgen für das Unbewußte bleiben kann.

Die Konstruktion einer kollektiv passenden Persona bedeutet eine gewaltige Konzession an die Außenwelt, ein wahres Selbstopfer, welches das Ich geradewegs in eine Identifikation mit der Persona hineinzwingt, so daß es wirklich Leute gibt, die glauben, sie seien das, was sie darstellen. Die «Seelenlosigkeit» einer solchen Einstellung ist aber nur scheinbar, denn das Unbewußte erträgt eine solche Schwergewichtsverschiebung unter keinen Umständen. Wenn wir solche Fälle kritisch betrachten, so entdecken wir, daß die ausgezeichnete Maske innerlich durch ein «Privatleben» kompensiert ist. Der fromme DRUMMOND klagte einmal darüber, daß «schlechte Laune das Laster der Frommen sei». Natürlich, wer sich eine zu gute

75

Persona aufbaut, erntet dafür reizbare Launen. BISMARCK hatte hysterische Weinkrämpfe, WAGNER eine Korrespondenz über seidene Schlafrockbändel, NIETZSCHE schrieb Briefe an ein «liebes Lama», GOETHE führte Gespräche mit ECKERMANN usw. Es gibt aber raffiniertere Dinge als diese banalen «lapsūs» der Heroen. Ich habe einmal die Bekanntschaft eines verehrungswürdigen Mannes gemacht – man könnte ihn ohne Schwierigkeit einen Heiligen nennen –, ich ging drei Tage lang um ihn herum und konnte nirgends die Unzulänglichkeit des Sterblichen an ihm entdecken. Mein Minderwertigkeitsgefühl wurde bedrohlich, und ich begann bereits ernstlich daran zu denken, mich zu bessern. Am vierten Tag aber konsultierte mich seine Frau … Seitdem ist mir nichts Ähnliches mehr passiert. Aber ich lernte daraus, daß jemand, der mit seiner Persona eins wird, alles Störende durch seine Frau darstellen lassen kann, ohne daß diese es merkt, aber sie bezahlt ihre Selbstaufopferung mit einer schweren Neurose.

Diese Identifikationen mit der sozialen Rolle sind überhaupt ergiebige Neurosenquellen. Der Mensch kann sich eben nicht ungestraft seiner selbst zugunsten einer künstlichen Persönlichkeit entledigen. Schon der Versuch dazu löst in allen gewöhnlichen Fällen unbewußte Reaktionen aus, Launen, Affekte, Ängste, Zwangsvorstellungen, Schwächen, Laster usw. Der sozial «starke Mann» ist im Privatleben öfters ein Kind seinen eigenen Gefühlszuständen gegenüber, seine öffentliche Disziplin (die er ganz besonders von den anderen verlangt) wird privat jämmerlich zuschanden. Seine Berufsfreudigkeit hat zu Hause ein melancholisches Gesicht; seine «fleckenlose» öffentliche

Moral sieht hinter der Maske merkwürdig aus – wir wollen nicht von Taten sprechen, sondern bloß von Phantasien, auch wüßten die Frauen solcher Männer einiges zu erzählen; sein selbstloser Altruismus – seine Kinder haben andere Ansichten!

In dem Maße, in welchem die Welt das Individuum zur Identifikation mit der Maske herauslockt, ist das Individuum auch der Einwirkung von Innen preisgegeben. «Hoch steht auf tief», sagt LAOTSE. Von Innen drängt sich ein Gegenteil auf, ja es ist, als ob das Unbewußte mit derselben Macht das Ich unterdrückte, mit der dieses von der Persona angezogen wird. Die Widerstandslosigkeit außen, gegenüber der Lockung der Persona, bedeutet eine ähnliche Schwäche innen, gegenüber den Einflüssen des Unbewußten. Außen wird die wirksame und starke Rolle gespielt, innerlich entwickelt sich eine effeminierte Schwäche gegenüber allen Einflüssen des Unbewußten; Stimmungen und Launen, Ängstlichkeit, ja sogar eine verweiblichte Sexualität (gipfelnd in Impotenz) gewinnen allmählich die Oberhand.

Die Persona, das Idealbild des Mannes, wie er sein sollte, wird innerlich kompensiert durch weibliche Schwäche, und wie das Individuum außen den starken Mann spielt, wird es innerlich zum Weibe, zur Anima, denn es ist die Anima, die der Persona gegenübertritt. Weil aber das Innen für das extravertierte Bewußtsein dunkel und unsichtbar ist, und man sich überdies seine Schwächen destoweniger denken kann, je mehr man mit der Persona identisch ist, so bleibt auch das Gegenstück der Persona, die Anima, völlig im dunkeln und wird daher zunächst projiziert, wodurch der Held unter den Pantoffel seiner Frau kommt. Ist ihr Machtzuwachs beträchtlich, so erträgt sie ihn schlecht. Sie wird minderwertig, und damit ist dem Mann der willkommene Beweis erbracht, daß nicht er, der Held, im «Privatleben» minderwertig ist, sondern seine Frau. Die Frau hat dafür eine für viele so anziehende Illusion, wenigstens einen Helden geheiratet zu haben, unbekümmert um ihre eigene Nichtsnutzigkeit. Dieses Illusionsspiel nennt man öfters «Lebensinhalt».

C. G. Jung, Ges. Werke 7, 201 ff.

Von den Kindern

Und eine Frau, die einen Säugling an der Brust hielt, sagte:
Sprich uns von den Kindern.
Und er sagte:
Eure Kinder sind nicht eure Kinder.
Sie sind die Söhne und Töchter der Sehnsucht des Lebens nach sich selber.
Sie kommen durch euch, aber nicht von euch,
Und obwohl sie mit euch sind, gehören sie euch doch nicht.
Ihr dürft ihnen eure Liebe geben, aber nicht eure Gedanken, denn sie haben ihre eigenen Gedanken.
Ihr dürft ihren Körpern ein Haus geben, aber nicht ihren Seelen,
Denn ihre Seelen wohnen im Haus von morgen, das ihr nicht besuchen könnt, nicht einmal in euren Träumen.

Ihr dürft euch bemühen, wie sie zu sein, aber versucht nicht, sie euch ähnlich zu machen.

Denn das Leben läuft nicht rückwärts, noch verweilt es im Gestern.

Ihr seid die Bogen, von denen eure Kinder als lebende Pfeile ausgeschickt werden.

Der Schütze sieht das Ziel auf dem Pfad der Unendlichkeit, und Er spannt euch mit Seiner Macht, damit Seine Pfeile schnell und weit fliegen.

Laßt euren Bogen von der Hand des Schützen auf Freude gerichtet sein;

Denn so wie Er den Pfeil liebt, der fliegt, so liebt Er auch den Bogen, der fest ist.

Khalil Gibran, Der Prophet

Das Haus des Glückes

Als mein Herz erschöpft war, nahm es Abschied von mir und machte sich auf zum Haus des Glückes.

Nachdem es dieses Heiligtum erreicht hatte, blieb es verwirrt und ratlos stehen, denn es sah dort nicht, was es sich immer vorgestellt hatte.

Es sah weder Macht noch Wohlstand und keinen Herrscher. Es sah nur einen schönen Jüngling, seine Gefährtin, die Tochter der Liebe, und ihr Kind, die Weisheit.

Da wandte sich mein Herz an die Tochter der Liebe und fragte:

«Wo ist die Zufriedenheit, Tochter der Liebe? Ich habe gehört, daß sie dieses Haus mit euch bewohnt.»

Sie antwortete: «Die Zufriedenheit ist fortgegangen, um in den Städten zu predigen, wo Korruption und Begierde herrschen. Und wir brauchen sie hier nicht, denn das Glück sucht nicht Zufriedenheit. Das Glück verlangt nach Vereinigung, während die Zufriedenheit die Ablenkung sucht, die vom Vergessen lebt. Die unsterbliche Seele ist nie zufrieden. Sie strebt nach Vollkommenheit, und die Vollkommenheit gibt es in der Unendlichkeit.»

Dann sagte mein Herz zum Sohn der Schönheit:

«Zeig mir das Geheimnis der Frau, o Schönheit, und erhelle meinen Verstand mit deiner Erkenntnis!»

Er erwiderte: «Die Frau ist wie du, menschliches Herz, und wie du warst, so war sie. Sie ist auch wie ich, und wo ich bin, da ist sie. Sie gleicht der Religion, bevor sie von Unwissenden entstellt wurde. Sie ist wie der Vollmond, wenn die Wolken ihn nicht verhüllen, und wie die Brise, bevor der Hauch der Verdorbenheit sie berührte.»

Dann wandte sich mein Herz an die Weisheit, die Tochter der Liebe und der Schönheit, und bat:

«Gib mir Weisheit, damit ich sie den Menschen bringe!»

Sie antwortete: «Sag ihnen, daß das Glück im Allerheiligsten der Seele beginnt und nicht von außen kommt!»

Khalil Gibran, Eine Träne und ein Lächeln

Und wo bleibt der Sinn des Lebens?

Mit einer Weisheit, die keine Tränen kennt, mit einer Philosophie, die nicht zu lachen versteht, und einer Größe, die sich nicht vor Kindern verneigt, will ich nichts zu tun haben.

Khalil Gibran

Das Erfinden von Gegnern

Gewiß leiden sie unter den Schrecken der Geburt. Wenn aber der Schrecken vergangen ist, kommt die Stunde des Festes. Und durch das Neugeborene finden sie wieder zueinander. Ihr seid euch alle gleich, wenn euch die Nacht umfängt und in den Schlaf wiegt. Ich sagte es sogar von den Gefängnisinsassen, die durch ihre Halsketten als zum Tode Verurteilte gekennzeichnet sind: Sie unterscheiden sich nicht von anderen. Es kommt allein darauf an, daß sie in ihrer Liebe wieder zueinanderfinden. Ich verzeihe allen, die getötet haben, denn ich lehne es ab, auf Grund der Kunstgriffe der Sprache zu unterscheiden. Der eine hat aus Liebe zu den Seinen getötet, denn man setzt sein Leben nur aus Liebe aufs Spiel. Und der andere hat gleichfalls aus Liebe zu den Seinen getötet. Versucht es anzuerkennen, und verzichtet darauf, das Gegenteil eurer Wahrheiten Irrtum und das Gegenteil eures Irrtums Wahrheit zu nennen. Denn du mußt wissen, daß die Einsicht, die dich überwältigt und dich zwingt, deinen Berg zu ersteigen, auch den anderen überwältigt hat, der gleichfalls seinen Berg ersteigt. Und daß ihn die gleiche Einsicht beseelt, die dich mitten in der Nacht aufstehen ließ: vielleicht nicht die gleiche, aber eine Einsicht von gleicher Stärke.

Du vermagst aber nur das im Menschen zu sehen, wodurch der Mensch verneint wird, der du selber bist. Und ebenso kann der andere nur das aus dir herauslesen, was ihn selber verneint. Und ein jeder weiß wohl, daß in ihm selber noch etwas anderes als eisige oder haßerfüllte Verneinung steckt, vielmehr gewahrt er ein so überzeugendes, ein so reines und einfaches Gesicht, daß er dafür in den Tod ginge. Und so haßt ihr einander, weil sich ein jeder einen lügnerischen und hohlen Gegner erfindet. Ich aber, der ich über euch herrsche, ich sage euch, daß ihr das gleiche Gesicht liebt, obwohl ihr es beide nur schlecht erkannt habt. *A. de Saint-Exupéry, Die Stadt in der Wüste*

Der ärmliche Widerschein einer großen Sache

So erkannte ich immer deutlicher, daß man den Menschen nicht zuhören darf, sondern sie verstehen muß. Denn die dort unter meinen Augen in der Stadt leben, wissen wenig von der Stadt. Sie halten sich für Architekten, Maurer, Polizisten, Priester, Leineweber; sie glauben, daß sie für ihren Vorteil oder ihr Glück da sind, und empfinden nicht ihre Liebe, so wie einer nicht seine Liebe empfindet, der im Hause geschäftig ist und ganz in den Sorgen des Tages aufgeht. Der Tag gehört den häuslichen Szenen. Des Nachts aber findet einer, der sich gestritten hat, die Liebe wieder. Denn die Liebe ist größer als dieser Wind der Worte. Und der Mann lehnt am Fenster und fühlt wieder unter den Sternen die Verantwortung für die anderen, die schlafen, für das Brot des kommenden Tages, für den Schlaf der Frau, die dort so gebrechlich und zart und vergänglich neben ihm ruht. Die Liebe denkt man nicht. Die Liebe *ist*.

Doch diese Stimme spricht nur im Schweigen. Und was für dein Haus gilt, gilt auch für die Stadt. Und was für die Stadt gilt, gilt auch für das Reich. Erst wenn ungewöhnliche Stille eintritt, siehst du deine Götter.

Und keiner wird im Leben von dem Tage wissen, an dem es ans Sterben geht. Und die Worte, die ihm auf andere Art als durch das Bild seines Vorteils oder seines Glücks von der Stadt erzählen, werden ihm wie falsches Pathos vorkommen, denn er weiß nicht, daß sie Wirkungen der Stadt sind. Zu kleine Sprache für eine zu große Sache.

Doch wenn du die Stadt überschaust und in der Zeit Abstand gewinnst, um ihre Entwicklung zu betrachten, wirst du durch Verwirrung, Eigennutz und Geschäftigkeit der Menschen hindurch genau den langsamen und ruhigen Gang des Schiffes gewahr werden. Denn wenn du nach einigen Jahrhunderten wiederkehrst, um die Kielspur zu betrachten, die sie zurückgelassen haben, wirst du sie in den Gedichten, den Bildwerken aus Stein, den Regeln der Erkenntnis und den Tempeln entdecken, die dann noch aus dem Sande herausragen. Das Alltägliche wird erloschen und aufgelöst sein. Und du wirst begreifen, daß all das, was sie Vorteil oder Verlangen nach Glück nannten, nur der ärmliche Widerschein einer großen Sache war.

Der Mensch, von dem ich sprach, wird dann vorangekommen sein. So ist es auch mit meiner Armee, wenn sie ihr Lager aufschlägt. Morgen früh werde ich sie im Feuerofen des Sandwindes dem Feinde entgegenwerfen. Und der Feind wird wie ein Schmelztiegel für sie sein. Und ihr Blut wird fließen, und im Glanz eines Säbelhiebs wird das private Glück von Tausenden, das fortan vernichtet ist, wird der Vorteil von Tausenden, der fortan um seinen Gewinn betrogen wurde, seine Grenze finden. Und gleichwohl wird meine Armee keine Auflehnung kennen, denn ihre Haltung ist nicht die eines Einzelmenschen, sondern die des Menschen an sich. Und wenn ich auch weiß, daß sie morgen zum Sterben bereit sein wird, so werde ich doch, wenn ich heute abend mit langsamen Schritten im Schweigen meiner Liebe unter den Tempeln und den Feuern des Feldlagers einhergehe und die Soldaten reden höre, nicht jene Stimme vernehmen, die den Tod auf sich nimmt.

Denn hier wird man sich necken wegen einer schiefen Nase. Dort wird man sich streiten um ein Stück Fleisch. Und die Gruppe, die da drüben beisammenhockt, wird ihrem Ärger mit heftigen Worten Luft machen, die dir für den Heerführer beleidigend erscheinen müssen. Und wenn ich einem von ihnen sagte, er sei trunken von Opfermut, so wirst du erleben, wie er dir ins Gesicht lacht, denn er wird dich für recht hochtrabend halten und meinen, daß du wenig Federlesens mit ihm machtest, der sich so wichtig vorkommt; denn es liegt nicht in seiner Absicht und deckt sich auch nicht mit seiner Würde und seinem Gewissen, daß er für seinen Korporal sterben soll, dem er gewiß nicht die Eignung zuerkennt, ein solches Geschenk von ihm entgegenzunehmen. Und doch wird er morgen für seinen Korporal sterben.

Nirgendwo wirst du jenem großen Gesicht begegnen, das dem Tode die Stirn bietet und sich der Liebe hingibt. Und wenn du den Wind der Worte beachtet hast, wirst du langsam in dein Zelt zurückkehren und auf der Zunge den Geschmack der Niederlage spüren. Denn jene Soldaten verspotteten und bekrittelten den Krieg und beleidigten ihre Anführer. Und gewiß hast du die Wäscher des Decks, die Aufgeier der Segel und die Nagelschmiede gesehen, doch da du kurzsichtig warst und die Nase allzu dicht daraufdrücktest, ist dir das Schiff in all seiner Majestät entgangen.

A. de Saint-Exupéry, Die Stadt in der Wüste

Die Sklaverei

Die Menschen sind Sklaven des Lebens; Sklaverei füllt ihre Tage mit Schmach und Erniedrigung und taucht ihre Nächte in Blut und Tränen.

7000 Jahre sind seit meiner Geburt vergangen, und seitdem sehe ich nichts anderes als unterwürfige Sklaven und gefesselte Gefangene.

Ich habe den Osten und den Westen der Erde bereist; ich ließ mich im Schatten des Lebens nieder und in seinem Licht. Ich sah Nationen und Völker aus ärmlichen Hütten in prächtige Schlösser ziehen, aber ihre Nacken waren unter schweren Lasten gebeugt, ihre Handgelenke gefesselt, und sie knieten vor Götzenbildern.

Ich folgte dem Menschen von Babel bis Paris, von Ninive bis New York, und ich sah die Spuren seiner Fußketten auf dem Sand neben seinen Fußspuren. Und ich hörte aus Tälern und Wäldern das Echo der Klagen von Generationen dringen.

Ich betrat der Menschen Schlösser, Museen und Tempel; ich stellte mich in die Nähe von Thronen, Altären und Kanzeln: und ich sah den Arbeiter als Sklaven des Kaufmanns, den Kaufmann als Sklaven des Soldaten, den Soldaten als Sklaven des Richters, den Richter als Sklaven des Herrschers, den Herrscher als Sklaven des Priesters und den Priester als Sklaven des Götzen; das Götzenbild aber ist aus Erde, welche die Dämonen formten und auf einen Hügel aus Totenschädeln stellten.

Ich ging in die Häuser der Reichen und Mächtigen sowie in die Hütten der Armen und Schwachen. Ich hielt mich in Sälen auf, deren Wände mit Elfenbein und Blattgold besetzt waren, und in Stuben, in denen die Geister der Verzweiflung und des Todes hausten: Ich sah die Säuglinge mit der Muttermilch die Sklaverei aufnehmen, die kleinen Jungen lernten zusammen mit dem Alphabet die Folgsamkeit, die kleinen Mädchen bekleidete man mit Gewändern der Demut, und die Frauen schliefen auf dem Lager des Gehorsams.

Ich folgte den Generationen von den Ufern des Ganges bis an die Ufer des Euphrat und zur Mündung des Nils; vom Berg Sinai zu den Plätzen Athens, den Kirchen Roms, den Gassen Konstantinopels und den Häusern von London, und überall sah ich die Sklaverei lauern: Sie schritt in Prozessionen um ihre Altäre, und man nannte sie Gott; dann gossen sie Parfüm über ihre Füße und nannten sie König; sie verbrannten Weihrauch vor ihrem Abbild und nannten sie Prophet; dann fielen sie vor ihr nieder und nannten sie das Gesetz; sie führten Kriege, töteten ihretwegen Menschen und nannten sie Patriotismus; sie unterwarfen sich ihrem Willen und nannten sie «den Schatten Gottes auf Erden»; ihretwillen verbrannten sie ihre Häuser, zerstörten ihre Monumente und nannten sie Gleichheit und Brüderlichkeit; schließlich strengten sie sich an, arbeiteten mühevoll und nannten sie Geld. Die Sklaverei hat sehr viele Namen, aber nur eine einzige Wirklichkeit; viele Erscheinungsformen, aber nur ein einziges Wesen. Sie ist eine endlose Krankheit, die unter den verschiedenartigen Symptomen und mit unterschiedlichen Verletzungen auftritt. Die Kinder erben sie von ihren Vätern zusammen mit dem Atem des Lebens, die Epochen streuen ihre Samen in die Erde, und die Jahreszeiten ernten, was andere Jahreszeiten säten.

*

Die merkwürdigste Form der Sklaverei, die ich angetroffen habe, ist die *blinde* Sklaverei: Sie verbindet die Gegenwart der Menschen mit der Vergangenheit ihrer Väter; sie zwingt sie, vor der Überlieferung ihrer Vorväter niederzuknien; sie macht aus ihnen neue Körper für alte Geister, getünchte Gräber für verwesende Knochen.

Die *stumme* Sklaverei hingegen heftet die Tage des Mannes an die Schleppe seiner Frau, die er haßt, und sie kettet den Körper der Frau an das Lager ihres Ehemanns, den sie verachtet – so wie man den Fuß eines Pferdes mit einem Hufeisen beschlägt.

Und die *taube* Sklaverei ist diejenige, die das Individuum zwingt, den Tendenzen seiner Umgebung zu folgen, sich mit ihren Farben zu färben und nach ihrer Mode zu kleiden. So werden sie zu dem, was das Echo für die Stimme ist und der Schatten für den Körper.

Die *lahme* Sklaverei unterstellt die Mächtigen der Kontrolle von Betrügern und liefert die Starken den Launen derjenigen aus, die nach Ruhm und Ehre streben; diese Menschen gleichen Apparaten, die von Händen bedient werden, die sie erst ausschalten und dann zerschlagen.

Die *graue* Sklaverei holt die Seelen der Kinder aus den weiten Räumen des Firmaments in die Wohnungen des Elends, wo die Not mit der Dummheit zusammenwohnt und die Erniedrigung mit der Verzweiflung; sie wachsen in Not und Elend auf, leben als Kriminelle und sterben geschmäht und verachtet.

Die *gefleckte* Sklaverei verkauft Waren zu überhöhten Preisen, nennt die Dinge nicht mit ihren wahren Namen, sie bezeichnet die List als Klugheit, Geschwätzigkeit als Wissen, Schwäche als Milde und Feigheit als Stolz.

Die *gebeugte* Sklaverei bewirkt, daß sich die Lippen der Schwachen aus Angst bewegen: Sie werden reden, was sie nicht fühlen, und äußern, was sie nicht empfinden. Sie sind im Griff der Angst und Armut, wie ein Gewand, das man zusammenfaltet.

Die *schwarze* Sklaverei bedeckt die Söhne unschuldiger Verbrecher mit Schmach.

Und die Sklaverei der Sklaverei ist die Unbeweglichkeit.

*

Und als ich erschöpft war, den Jahrhunderten zu folgen, und überdrüssig, den Reigen der Nationen und Völker zu sehen, suchte ich die Einsamkeit des Tales der Geister auf, wo sich die Schatten vergangener Zeiten verbergen und wo die Seelen künftiger Generationen schlummern. Da sah ich eine schmale Gestalt, die einsam der Sonne entgegenging. Ich fragte sie:

«Wer bist du, und wie heißt du?»

Sie antwortete: «Mein Name ist ‹Freiheit›.»

Ich fuhr fort zu fragen: «Wo sind deine Söhne?»

Sie erwiderte: «Einer starb am Kreuz, der andere wurde wahnsinnig, und der dritte ist noch nicht geboren.»

Danach entfernte sie sich aus meinem Blick – hinter einem Schleier aus Nebel. *Khalil Gibran, Die Stürme*

Das Mysterium ist nicht erklärbar

Die numinose Erfahrung des Individuationsprozesses ist auf archaischer Stufe Angelegenheit des Schamanen und Medizinmannes, später des Arztes, Propheten und Priesters, und auf der Stufe der Zivilisation endlich der Philosophie und der Religion. Die Krankheits-, Tortur-, Tötungs- und Heilungserlebnisse des Schamanen enthalten auf höherer Stufe den Gedanken des Opfers, der ganzheitlichen Wiederherstellung, der Transsubstantiation und der Erhöhung zum pneumatischen Menschen, der apotheosis mit einem Wort. Die Messe ist Summe und Quintessenz einer vieltausendjährigen Entwicklung, welche mit fortschreitender Ausweitung und Vertiefung des Bewußtseins die anfänglich isolierte Erfahrung eines spezifisch disponierten Individuums allmählich zum Gemeingut einer größeren Gruppe werden läßt. Der zugrundeliegende psychische Vorgang bleibt allerdings Geheimnis und wird in entsprechenden «Mysterien» oder «Sakramenten» anschaulich und eindringlich dargestellt, unterstützt von Belehrungen, Übungen, Meditationen und Opferakten, welche den Mysten so weit in die Sphäre des Mysteriums eintauchen, daß er sich seines intimen Zusammenhangs mit den mythischen Ereignissen einigermaßen bewußt werden kann. So sehen wir z. B. im alten Ägypten, wie die Osirifikation, die ursprünglich königliche Prärogative war, sich allmählich auf die Vornehmen und schließlich, gegen das Ende der altägyptischen Tradition, auch auf das einzelne Individuum ausdehnt. Die ursprünglich abgeschlossenen und verschwiegenen Mysterien der griechischen Sphäre erweitern sich ebenfalls allmählich zu kollektiven Erlebnissen, und in der Kaiserzeit gehörte es sozusagen zum Sport der römischen Touristen, sich in fremde Mysterien einweihen zu lassen. Das Christentum vollends hat nach einigem Zögern die Mysterienfeier zur öffentlichen Veranstaltung gemacht, denn es war seine besondere Angelegenheit, möglichst viele Menschen in das Erlebnis des Mysteriums einzuführen. So konnte es denn nicht ausbleiben, daß der einzelne Gelegenheit bekam, sich seiner eigenen Wandlung und der dazu nötigen psychologischen Bedingungen, wie z. B. Bekenntnis und Bereuung der Sünden, bewußt zu werden. Damit war der Grund zur Einsicht gelegt, daß es bei der Wandlung im Mysterium sich weniger um ein magisches Bewirktwerden als vielmehr um psychologische Vorgänge handelte; eine Einsicht, die sich in der Alchemie schon frühzeitig Bahn brach, nämlich daß ihr opus operatum sich wenigstens an die Seite des kirchlichen Mysteriums stellen lasse, ja daß ihm sogar insofern eine kosmische Bedeutung zukomme, als dadurch die göttliche Weltseele aus dem Gefängnis des Stoffes befreit werde. ...

Es braucht aber schon die Verblendung unseres intellektualisierten Zeitalters dazu, um im Versuch der Alchemie eine mißglückte Chemie und in der modernen psychologischen Ansicht eine «Psychologisierung», d. h. Vernichtung des Mysteriums zu erblicken. Wie die Alchemisten wußten, daß die Herstellung ihres Steins ein Wunder war, das nur «concendente Deo» geschehen konnte, so ist sich der moderne Psychologe bewußt, daß er nicht mehr hervorbringen kann als eine in wissenschaftlichen Symbolen formulierte Beschreibung eines psychischen Vorganges, dessen wirkliche Natur so bewußtseinstranszendent ist wie das Geheimnis des Lebens oder das der Materie. Er hat das Mysterium selber nirgends erklärt und dadurch zum Verwelken gebracht. Er hat es, dem Geiste der christlichen Tradition gemäß, nur etwas mehr dem individuellen Bewußtsein angenähert, indem er die Tatsächlichkeit und Erfahrbarkeit des Individuationsvorganges an empirischen Belegen sichtbar macht. Damit, daß eine sogenannte metaphysische Aussage als ein psychischer Vorgang betrachtet wird, ist keineswegs gesagt, daß er «bloß psychisch» sei, wie meine Kritiker sich auszudrücken belieben. Wie wenn mit «psychisch» etwas allgemein Bekanntes festgestellt wäre! Hat es noch niemand gedämmert, daß, wenn wir «Psyche» sagen, damit symbolisch das dichteste Dunkel, das man sich ersinnen kann, angedeutet ist? Es gehört zum Ethos des Forschers, daß er zugeben kann, wo er mit seinem Wissen zu Ende ist. Dieses Ende nämlich ist der Anfang höherer Erkenntnis.

C. G. Jung, Grundwerk 4, 169ff.

Von der Religion

Und ein alter Priester sagte: Sprich uns von der Religion.
Und er antwortete:
Habe ich heute von etwas anderem gesprochen?
Ist nicht jede Tat und jede Betrachtung Religion?
Und ist sie nicht gleichzeitig weder Tat noch Nachdenken, sondern ein Wunder und eine Überraschung, die ewig der Seele entspringen, selbst während die Hände den Stein behauen oder den Webstuhl bedienen?
Wer kann seinen Glauben von seinen Taten trennen oder seinen Glauben von seinen Tätigkeiten?
Wer kann seine Stunden vor sich ausbreiten und sagen: «Dies für Gott und dies für mich; dies für meine Seele und dies für meinen Körper?» All eure Stunden sind Flügel, die von Ich zu Ich durch den Raum gleiten.
Wer seine Sittlichkeit bloß als sein bestes Gewand trägt, wäre besser nackt.
Der Wind und die Sonne werden keine Löcher in seine Haut reißen.

Und wer seinen Lebenswandel durch die Sittenlehre begrenzt, sperrt seinen Singvogel in einen Käfig.

Das freieste Lied dringt nicht durch Gitter und Draht.

Und wem die Andacht ein Fenster ist, das man öffnet und schließt, der hat noch nicht das Haus seiner Seele besucht, dessen Fenster von Morgenröte zu Morgenröte reichen.

Euer tägliches Leben ist euer Tempel und eure Religion.

Wann immer ihr ihn betretet, nehmt alles mit, was ihr habt.

Nehmt den Pflug und den Amboß und den Hammer und die Laute,

Die Dinge, die ihr aus Notwendigkeit oder zur Freude geschaffen habt.

Denn in euren Tagträumen könnt ihr euch nicht über eure Leistungen erheben und auch nicht tiefer fallen als eure Mißerfolge.

Und nehmt mit euch alle Menschen:

Denn in der Anbetung könnt ihr nicht höher fliegen als ihre Hoffnungen und euch nicht tiefer erniedrigen als ihre Hoffnungslosigkeit.

Und wenn ihr Gott erkennen wollt, bildet euch deshalb nicht ein, die Rätsel lösen zu können.

Schaut lieber um euch, und ihr werdet sehen, wie Er mit euren Kindern spielt.

Und schaut in den Raum; ihr werdet sehen, wie Er in der Wolke geht und Seine Arme im Blitz ausstreckt und im Regen herabsteigt.

Ihr werdet sehen, wie Er in den Blumen lächelt, aufsteigt und aus den Bäumen winkt. *Khalil Gibran, Der Prophet*

Man kennt nur die Dinge, die man zähmt

Der Fuchs verstummte und schaute den Prinzen lange an: «Bitte ... zähme mich!» sagte er.

«Ich möchte wohl», antwortete der kleine Prinz, «aber ich habe nicht viel Zeit. Ich muß Freunde finden und viele Dinge kennenlernen.»

«Man kennt nur die Dinge, die man zähmt», sagte der Fuchs. «Die Menschen haben keine Zeit mehr, irgend etwas kennenzulernen. Sie kaufen sich alles fertig in den Geschäften. Aber da es keine Kaufläden für Freunde gibt, haben die Leute keine Freunde mehr. Wenn du einen Freund willst, so zähme mich!»

«Was muß ich da tun?» sagte der kleine Prinz.

«Du mußt sehr geduldig sein», antwortete der Fuchs. «Du setzt dich zuerst ein wenig abseits von mir ins Gras. Ich werde dich so verstohlen, so aus dem Augenwinkel anschauen, und du wirst nichts sagen. Die Sprache ist die Quelle der Mißverständnisse. Aber jeden Tag wirst du dich ein bißchen näher setzen können ...»

Am nächsten Morgen kam der kleine Prinz zurück.

«Es wäre besser gewesen, du wärst zur gleichen Stunde wiedergekommen», sagte der Fuchs. «Wenn du zum Beispiel um vier Uhr nachmittags kommst, kann ich um drei Uhr anfangen, glücklich zu sein.

Je mehr die Zeit vergeht, um so glücklicher werde ich mich fühlen.

Um vier Uhr werde ich mich schon aufregen und beunruhigen; ich werde erfahren, wie teuer das Glück ist.

Wenn du aber irgendwann kommst, kann ich nie wissen,

wann mein Herz da sein soll ... Es muß feste Bräuche geben.»

«Was heißt ‹fester Brauch›?» sagte der kleine Prinz.

«Auch etwas in Vergessenheit Geratenes», sagte der Fuchs. «Es ist das, was einen Tag vom andern unterscheidet, eine Stunde von den andern Stunden. Es gibt zum Beispiel einen Brauch bei meinen Jägern. Sie tanzen am Donnerstag mit den Mädchen des Dorfes. Daher ist der Donnerstag der wunderbare Tag. Ich gehe bis zum Weinberg spazieren. Wenn die Jäger irgendwann einmal zum Tanze gingen, wären die Tage alle gleich, und ich hätte niemals Ferien.»

So machte denn der kleine Prinz den Fuchs mit sich vertraut. Und als die Stunde des Abschieds nahe war:

«Ach!» sagte der Fuchs, «ich werde weinen.»

«Das ist deine Schuld», sagte der kleine Prinz, «ich wünschte dir nichts Übles, aber du hast gewollt, daß ich dich zähme ...»

«Gewiß», sagte der Fuchs.

«Aber nun wirst du weinen!» sagte der kleine Prinz.

«Bestimmt», sagte der Fuchs.

«So hast du also nichts gewonnen!»

«Ich habe», sagte der Fuchs, «die Farbe des Weizens gewonnen.»

Dann fügte er hinzu:

«Geh die Rosen wieder anschauen. Du wirst begreifen, daß die deine einzig ist in der Welt.

Du wirst wiederkommen und mir adieu sagen, und ich werde dir ein Geheimnis schenken.»

Der kleine Prinz ging, die Rosen wiederzusehn:

«Ihr gleicht meiner Rose gar nicht, ihr seid noch nichts», sagte er zu ihnen. «Niemand hat sich euch vertraut gemacht, und auch ihr habt euch niemandem vertraut gemacht. Ihr seid, wie mein Fuchs war. Der war nichts als ein Fuchs wie hunderttausend andere. Aber ich habe ihn zu meinem Freund gemacht, und jetzt ist er einzig in der Welt.»

Und die Rosen waren sehr beschämt.

«Ihr seid schön, aber ihr seid leer», sagte er noch. «Man kann für euch nicht sterben. Gewiß, ein Irgendwer, der vorübergeht, könnte glauben, meine Rose ähnle euch. Aber in sich selbst ist sie wichtiger als ihr alle, da sie es ist, die ich begossen habe. Da sie es ist, die ich unter den Glassturz gestellt habe. Da sie es ist, die ich mit dem Wandschirm geschützt habe. Da sie es ist, deren Raupen ich getötet habe (außer den zwei oder drei um der Schmetterlinge willen). Da sie es ist, die ich klagen oder sich rühmen gehört habe oder auch manchmal schweigen. Da es meine Rose ist.»

Und er kam zum Fuchs zurück:

«Adieu», sagte er ...

«Adieu», sagte der Fuchs. «Hier mein Geheimnis. Es ist ganz einfach: Man sieht nur mit dem Herzen gut. Das Wesentliche ist für die Augen unsichtbar.»

«Das Wesentliche ist für die Augen unsichtbar», wiederholte der kleine Prinz, um es sich zu merken.

«Die Zeit, die du für deine Rose verloren hast, sie macht deine Rose so wichtig.»

«Die Zeit, die ich für meine Rose verloren habe ...», sagte der kleine Prinz, um es sich zu merken.

«Die Menschen haben diese Wahrheit vergessen», sagte der Fuchs. «Aber du darfst sie nicht vergessen. Du bist zeitlebens für das verantwortlich, was du dir vertraut gemacht hast. Du bist für deine Rose verantwortlich …»

«Ich bin für meine Rose verantwortlich …», wiederholte der kleine Prinz, um es sich zu merken.

A. de Saint-Exupéry, Der kleine Prinz

Khalil Gibran, Antoine de Saint-Exupéry,
Carl Gustav Jung

Der Traum ist die Arbeit der Seele

Worte und Gedanken zur Welt der Träume

100 Seiten, Halbleinen
ISBN 3-545-20219-4

Dem Träumen auf den Grund zu gehen gehört zu den vornehmlichsten Aufgaben der Jungschen Psychologie. Das Träumen selbst hat für den Menschen eine geradezu lebensnotwendige und lebenserhaltende Funktion.

Und dennoch sind Träume nach wie vor rätselhaft und auch das Eigenartigste, was die Seelenarbeit hervorbringt. Träume entbehren der Logik, sie sind phantastisch und scheinen sehr irreal und haben dennoch entscheidenden Einfluß auf die den Menschen bestimmende Wirklichkeit. Ihnen wohnt die Kraft inne, eingeschlagene Wege in Frage zu stellen, zu korrigieren oder sogar neue Lösungswege vorzugeben.

Wenn in diesem Büchlein die Gedanken Carl Gustav Jungs mit Texten von Antoine de Saint-Exupéry und Khalil Gibran, den beiden Philosophen unter den Schriftstellern, verbunden sind, wird das zugrunde liegende Traumverständnis um etliche Dimensionen erweitert: Es geht um das breite Spektrum der Phantasie, des Erinnerns, der Symbole, Tagträume, Sehnsüchte, inspirierter Botschaften und Visionen.

Benziger